2022年

白俄罗斯
国内形势和对外政策
研讨会论文集

王宪举 主编　　杨丽萍 寿家睿 执行主编

当代世界出版社
THE CONTEMPORARY WORLD PRESS

图书在版编目（CIP）数据

2022 年白俄罗斯国内形势和对外政策研讨会论文集 /
王宪举主编. -- 北京：当代世界出版社，2023.8
ISBN 978-7-5090-1751-7

Ⅰ.①2… Ⅱ.①王… Ⅲ.①政治-白俄罗斯-文集
Ⅳ.①D751.14-53

中国国家版本馆 CIP 数据核字（2023）第 106312 号

书　　名：2022 年白俄罗斯国内形势和对外政策研讨会论文集
出 品 人：丁　云
策划编辑：刘娟娟
责任编辑：刘娟娟　姜松秀
装帧设计：王昕晔
版式设计：韩　雪
出版发行：当代世界出版社
地　　址：北京市地安门东大街 70-9 号
邮　　编：100009
邮　　箱：ddsjchubanshe@163.com
编务电话：(010) 83907528
发行电话：(010) 83908410（传真）
　　　　　13601274970
　　　　　18611107149
　　　　　13521909533
经　　销：新华书店
印　　刷：北京新华印刷有限公司
开　　本：880 毫米×1230 毫米　1/32
印　　张：4.625
字　　数：97 千字
版　　次：2023 年 8 月第 1 版
印　　次：2023 年 8 月第 1 次
书　　号：ISBN 978-7-5090-1751-7
定　　价：59.00 元

浙江树人学院校长李鲁致辞，副校长叶时平主持

白俄罗斯驻中国大使馆参赞罗曼·索科尔发言

白俄罗斯驻上海总领事安德烈·安德烈耶夫致辞

中白工业园首任首席执行官、深圳综合开发研究院理事胡政发言

上海社会科学院俄罗斯中亚研究中心主任、研究员潘大渭发言

研讨会现场

浙江树人学院白俄罗斯研究中心主任王宪举总结发言

研讨会线下与会者合影

代序一

浙江树人学院与白俄罗斯九年来的合作与交流

浙江树人学院校长　李鲁

尊敬的罗曼·索科尔参赞，安德烈·安德烈耶夫总领事，孙壮志所长，胡政理事，各位专家、学者：

大家上午好！欢迎各位参加由教育部区域与国别研究中心浙江树人学院白俄罗斯研究中心举办的 2022 年白俄罗斯国内形势和对外政策研讨会，共同就建设中白全天候全面战略伙伴关系开展学术探讨。

浙江树人学院创办于 1984 年，由浙江省政协创立、省教育厅主管，是全国最早的社会力量办学的本科院校之一。2004 年习近平同志在浙江工作期间视察学校，高度肯定了学校的办学道路并提出了殷切希望。学校自创办起就非常重视对外交流合作，目前已经与英、法、美等国家、地区的 70 余所院校和机构建立了友好合作关系。

学校自 2013 年起与白俄罗斯开展合作，至今已有九年。回顾这九年，双方在科学研究、文化交流、师资培训、高端引智等方面取得了可喜的合作成效。

九年来，学校从点到面，不断扩大在白俄罗斯的"朋友圈"。先后与白俄罗斯国立大学、白俄罗斯国立信息与无线电电子大学、白俄罗斯国立经济大学、白俄罗斯国立师范大学，以及白俄罗斯国家科学院新材料化学研究所和信息问题联合研究所、Softclub 软件公司等高校和科研院所达成合作协议，科研与教育合作的朋友越来越多。

九年来，从科技合作到文化交流，不断拓宽合作领域。学校和白俄罗斯多所高校共同开展了中国–白俄罗斯政府间科技合作项目、国家自然科学基金国际合作与交流项目、国家重点研发计划、浙江省中白遥感图像处理与应用国际科技合作基地建设、科技部外国专家项目等。2013 年至 2021 年间，学校先后引进白俄罗斯高端专家 15 人，合作开展了 10 余项国家及省级研究项目，联合出版俄文书籍、发表高水平论文、申请专利等。自 2015 年起，学校与白俄罗斯国立大学每两年共同举办一次中白青年论坛，截至目前已成功举办四届，为中白之间搭建了一个民间友好和学术对话的平台。截至目前，学校与白俄罗斯共开展高质量互访与师资培训 58 批 220 人次。

九年来，学校白俄罗斯研究中心从无到有，不断发展壮大。2015 年，学校成立了白俄罗斯研究中心，仅两年时间，中心就成功获批教育部国别和区域研究中心；2018 年，成为浙江省发改委"一带一路"智库支持单位；2021 年，成为浙江省"一带一路"

智库联盟成员。2022 年，我们又热忱地聘任曾经担任中国驻白俄罗斯使馆参赞、国务院发展研究中心欧亚社会发展研究所副所长的王宪举教授担任中心主任，进一步加强了中心的领导力量，提升了研究站位。期待中心在王宪举主任的带领下，贯彻开放合作、命运与共的国际战略，把我校白俄罗斯研究中心办出特色，走出一条智库建设的新路。

2022 年是中白建交 30 周年。9 月 15 日习近平主席同卢卡申科总统举行会晤，就中白关系及共同关心的国际和地区问题深入交换意见，达成广泛共识，双方一致决定将中白关系提升为全天候全面战略伙伴关系。这是中白关系的一个新里程碑，也给我们从事中白关系研究的学者们带来了新任务。今天参加主旨发言的嘉宾既有来自社会科学院的专家，也有高校从事白俄罗斯研究的知名学者，希望通过此次研讨会，进一步加深对白俄罗斯内外政策的了解，审视新的发展机遇，探究新的合作空间。同时，也希望各位专家学者对我校白俄罗斯研究中心建设不吝赐教，更好地发挥中白学术交流与两国合作发展的智库平台作用。

最后，再次感谢罗曼参赞、安德烈总领事及所有参会的专家、学者！祝远在白俄罗斯的各位朋友身体健康、工作顺利！

祝研讨会圆满成功！谢谢大家！

代序二

白中关系新阶段中的新祝愿

白俄罗斯驻上海总领事　安德烈·安德烈耶夫

今天我很荣幸参加由浙江树人学院举办的2022年白俄罗斯国内形势和对外政策学术研讨会。有很多研究白俄罗斯和白中关系问题领域的中国知名专家参加此次会议。

今天的研讨会特别重要，它恰逢我们两国关系迈入具有历史意义的新时期。白俄罗斯人民和中国人民庆祝白俄罗斯共和国与中华人民共和国建交30周年。我们共同致力于实施两国领导人宣布的白俄罗斯和中国"地方合作年"计划，旨在成功地开展各领域的合作。

2022年最重要的事件自然是我们两国领导人——白俄罗斯共和国总统亚历山大·格里戈里耶维奇·卢卡申科和中华人民共和国主席习近平于9月15日在撒马尔罕举行的会晤。卢卡申科总统强调，白俄罗斯是中国最可靠的朋友，在所有原则性问题上始终支持中国，愿进一步加强两国务实合作。中国国家主席习近平同样指出，中白建交30年来，两国关系不断提质升级，全方位合作扎实推进。两国领导人决定将两国关系提升为全天候全面战略伙伴关系，并就此发布了联合声明。

我想特别指出的是，声明中强调了各方扩大研究机构和单位之间切实合作的愿景。

浙江树人学院自 2013 年起与白俄罗斯开展合作。其合作伙伴包括白俄罗斯国家科学院、白俄罗斯国立大学、白俄罗斯国立经济大学、白俄罗斯国立信息与无线电电子大学。

感谢浙江树人学院领导的邀请。我曾于 2020 年访问贵校，其间了解了学校的工作情况，明确了进一步的合作方向。其中取得的一项重要合作成果是：2021 年 11 月在杭州举办了主题为"智慧、环境、健康——全球疫情时代青年的责任、使命与担当"的第四届中白青年论坛，该论坛由浙江树人学院和白俄罗斯国立大学联合主办。

今天，对于浙江树人学院白俄罗斯研究中心举办该研讨会，我感到很高兴。感谢树人学院的校领导、老师和所有工作人员为此所做的工作。白俄罗斯驻上海总领馆愿为浙江树人学院与白俄罗斯伙伴的合作，包括白俄罗斯研究中心的工作，提供进一步的协助。

相信树人学院白俄罗斯研究中心将成为我们共同完成两国领导人在白中关系新阶段确定的任务的又一基地。

正如联合声明中所指出的，白中两国在建立全天候全面战略伙伴关系时，考虑到了地区和国际形势的重大变化。

遗憾的是，当前世界形势的一个负面特点是，白俄罗斯和其他倡导相互尊重和平等对话、积极推动互补与和谐发展的国家一样，都面临着前所未有的政治、经济压力及制裁，还受到更为严重的威胁。

那些不想听到或假装没有听到我们的和平倡议并继续挑起冲突局势的人，很可能将我们爱好和平的外交政策视为软弱的表现，从而犯下严重的错误。

以构建共同的未来为目标，以经济、医药、教育、文化、培养年轻一代等领域为重点，在各领域合作相得益彰的基础上共同发展，是进一步发展的明确途径。白俄罗斯与中国的合作就是这方面的一个典范。

在这个方向上，我们还有很多工作要做，以落实我们两国领导人达成的协议。我相信今天研讨会的成果将推动这项工作的开展。

最后，祝愿今天的研讨会取得成功，并祝各位尊敬的与会者身体健康、事业进步。

谢谢大家！

白俄罗斯国内政治及外交政策的
现状与前景

白俄罗斯驻中国大使馆参赞　罗曼·索科尔

我很高兴能和这么多专家相聚一堂。每次都有很多对欧亚地区局势以及白中关系感兴趣的优秀研究人员、学者和老师们参加我们的会议。

首先，我要祝贺我们所有人，当前中白关系提升到了历史最高水平——全天候全面战略伙伴关系。这是在 2022 年 9 月 15 日，习近平主席和卢卡申科总统在撒马尔罕举行会晤时宣布的。

关于建立全天候全面战略伙伴关系的联合声明将更好地促进白中两国之间的积极合作。它给了世界一个明确的信号，表明白中两国的"铁哥们"友谊是坚不可摧的。

我想指出的是，习近平主席在乌兹别克斯坦参加的所有双边会晤里，只提升了中白两国的关系。

在这个声明发布后我们得到了很多积极的回应，现在已经感受到它对两国关系的积极有效影响。

目前，白中两国的外交部正在积极筹备两国领导人的定期会晤。我们期待在各种问题上进行一场充分的老朋友式的交谈。

正如你们所知，国际形势正面临着严峻的挑战和威胁。世界各地的紧张局势时有升级。遗憾的是，白俄罗斯和中国不能置身事外，两国都面临着来自外部的巨大压力。

现在可以肯定的是，白俄罗斯的国内外政策受到以下因素的影响：

——乌克兰危机；

——美国和欧盟针对白俄罗斯的混合战争；

——北约在白俄罗斯西部边境的频繁活动；

——西方的非法制裁政策。

这一系列因素无疑影响了白俄罗斯的经济发展。

另一方面，可以肯定地说，白俄罗斯经济尽管呈现种种负面趋势，但仍在持续发展。白俄罗斯的企业和公司正在逐渐适应新环境，将出口转向包括中国在内的新市场。

白俄罗斯的能源安全完全由白俄罗斯核电站、天然气和石油供应加以保障。先进的农业和粮食的自给自足可以保障白俄罗斯的粮食安全。

白俄罗斯的国内政治局势依然稳定，这要归功于国家强大的垂直政权，经济部门、军事和强力机构的一致性。

我还要强调一下，白俄罗斯走向独立国家的道路是漫长而艰苦的。我们一直致力于成为自己土地上的主人，按自己的思想生活，不屈从于外界的命令。

然而正是这样的独立政策成为西方挑起针对白俄罗斯混合战争的借口。坦率地说，我们的公民被强加了造谣和诽谤白俄罗斯历史的反科学思想，有人厚颜无耻地试图给我们灌输外来的文化模式、道德以及宗教原则。我们看到有人企图篡改白俄罗斯的历史，把叛徒变成英雄，或是与之相反。

只有建立一个以祖国历史为基础的全面的爱国教育体系，才能应对这一挑战。这是目前白俄罗斯最重要的方向之一。

最近，在外交政策上，西方国家前所未有地企图向白俄罗斯施加政治和经济压力，限制白俄罗斯在国际社会中的作用，阻挠我国参与国际组织的活动。

这并不是西方第一次企图把白俄罗斯拖入乌克兰冲突，把我们描绘成侵略者。在白俄罗斯独立的历史上，我国并没有对邻国造成军事威胁。我们太了解战争的恐怖，和平对白俄罗斯人民来说才是最珍贵的。因此，我们坚决反对任何关于白俄罗斯参与乌克兰冲突的诽谤。

不同于那些给乌克兰提供现代化武器、派遣军事教官、召集雇佣军并积极挑起冲突的国家，白俄罗斯无意卷入这场战争。

相反地，早在 2014 年，我们就为阻止乌克兰的流血事件作出了贡献，并为谈判提供了平台。

尽管欧洲的安全体系遭到实际破坏，白俄罗斯仍然是国际关系中负责任的参与者，并严格遵守国际义务。

白俄罗斯一直努力防止冲突升级。我们为基辅和莫斯科之间的谈判以及在白俄罗斯举行的前三轮会谈提供了必要的帮助。

欧盟各国非但没有承认和支持我们为阻止乌克兰流血冲突所作的努力，反而利用冲突追求自身利益，加大了针对白俄罗斯的国际压力。

要知道，乌克兰冲突迟早会结束，但是西方国家及其盟友现在对俄罗斯和白俄罗斯采取的行动带给整个国际社会的影响将比新冠病毒的传播更为深远和持久。

在目前情况下，对白俄罗斯来说，重要的是支持中华人民共和国所代表的友好国家。白俄罗斯仍然是各种国际和地区组织的重要成员，例如联合国、欧亚经济联盟、集体安全条约组织等。

在撒马尔罕举行的上海合作组织国家元首理事会会议上有一个历史性的决定，白俄罗斯将启动加入上合组织的手续以成为正式成员。这对我们国家来说是非常重要的一步。

最后，我想说的是，困难当然存在，但这并不意味着我们什么都不能做。通过积极的工作和对祖国的热爱，白俄罗斯人民会克服困难，努力让自己的生活变得更好。白俄罗斯人爱好和平。这在白俄罗斯国歌里就有体现。但是，如果有必要，我们也会为自己而战。卢卡申科总统曾在多次会议上谈到这一点。

最后，我谨借此机会祝愿即将召开的中共二十大顺利召开。希望各位与会者在今天的会议上取得成功，谢谢大家！

"一带一路"框架下中国和白俄罗斯的战略合作

中国社会科学院俄罗斯东欧中亚研究所所长、研究员　孙壮志

　　2022 年是中国和白俄罗斯建交 30 周年，两国虽然相距遥远，但双边关系发展迅速，成为非常重要的战略伙伴，"一带一路"倡议的提出和推进，进一步拉近了两国的距离。2015 年 5 月中旬，中国国家主席习近平访问白俄罗斯；2016 年 9 月，卢卡申科总统访华。双方建立了相互信任、合作共赢的全面战略伙伴关系。2019 年 4 月卢卡申科总统再次访华，参加"一带一路"国际合作高峰论坛。2020 年新冠肺炎疫情的暴发给两国经济发展带来一定程度的冲击，但双方仍保持密切合作，中国给予白俄罗斯无私援助，体现了两国全面战略伙伴关系的高水平。2022 年 9 月，两国元首在上合组织撒马尔罕峰会期间举行双边会晤，决定将双边关系提升为全天候全面战略伙伴关系。这具有里程碑意义，白俄罗斯成为继巴基斯坦之后第二个与中国建立全天候战略伙伴关系的国家，体现了双边关系的特殊性，双方是非常可靠的朋友和

伙伴。

一、"一带一路"建设的进展和成就

白俄罗斯是积极参与"一带一路"建设、第一个支持中国倡议的欧洲国家。2023 年是"一带一路"倡议提出十周年，经过各方不懈努力，共建"一带一路"取得扎扎实实的成就。

一是合作范围不断扩大。截至 2022 年 7 月底，中国已与 149 个国家、32 个国际组织签署了 200 多份合作文件。共建"一带一路"已先后写入联合国、亚太经合组织等多边机制成果文件。

二是互联互通不断深化。一系列重大项目在沿线国家落地生根。中老铁路实现全线开通运营，客货运输量稳步增长；匈塞铁路塞尔维亚境内贝诺段顺利通车；雅万高铁最长隧道全部贯通；瓜达尔港具备了全作业能力，正在成为区域物流枢纽和临港产业基地；中欧班列开辟了亚欧陆路运输新通道，为保障国际供应链产业链稳定畅通提供了有力支撑。

三是经贸交流与合作不断发展。自 2013 年起，截至 2022 年 8 月底，中国与沿线国家货物贸易额累计约 12 万亿美元，对沿线国家非金融类直接投资超过 1400 亿美元。中国已累计与 30 多个共建国家和地区签署"经认证的经营者"互认协议，贸易投资自由化便利化水平持续提升。

四是多元化投融资体系不断健全。成立多边开发融资合作中心基金，10 家国际金融机构参与。截至 2022 年 7 月底，中国累计与 20 多个沿线国家建立双边本币互换安排，在 10 多个共建国家建立了人民币清算安排。人民币跨境支付系统的业务量和影响力稳步提升。

五是人文交流合作不断扩大。"鲁班工坊"等 10 余个文化交流和教育合作品牌逐步建立，其中，"鲁班工坊"在 19 个国家落地生根。丝绸之路国际剧院、博物馆、艺术节、图书馆和美术馆联盟、"一带一路"国际科学组织联盟等运行良好，有效增进了不同文化之间的交流理解和认同。"丝路一家亲"行动持续推进，菌草、杂交水稻等"小而美、见效快、惠民生"的援外项目增进了共建国家民众的获得感、幸福感。

六是新兴领域国际合作不断拓展。深化数字与创新国际合作，打造了一批创新合作的新亮点。中国积极参与全球抗疫协作，与共建国家开展疫苗生产合作，为支持发展中国家抗疫作出积极贡献。践行绿色发展理念，印发实施《关于推进共建"一带一路"绿色发展的意见》等政策文件。以电子商务、移动支付为代表的数字经济合作正在成为高质量共建"一带一路"的新领域。

二、中白关系是新型国际关系的典范

白俄罗斯在欧洲是中等国家，地理位置很重要，是陆路交通的枢纽，奉行对外开放的经济政策。工业和技术基础良好，人口受教育程度和综合素质较高，但是矿产资源相对匮乏，特别是缺少石油、天然气等战略资源，经济结构有待调整和升级。

独立后白俄罗斯珍视自身的主权，探索符合自己国情的发展道路，与俄罗斯保持密切的政治、经济和安全合作关系，屡遭美欧的排挤和孤立。2021 年白俄罗斯国内生产总值增长 2.3%。经济的对外依赖仍比较严重，能源主要从俄罗斯进口，对外贸易近一半是对俄的进出口，因此外交上最优先的选择是俄罗斯；从俄白联盟、集体安全条约组织，再到欧亚经济联盟，白俄罗斯积极参与俄罗斯主导的一体化机制。2014 年，西方开始制裁俄罗斯，白俄罗斯也受到波及。

实际上，白俄罗斯希望与东西方建立平衡的关系，强调要成为欧盟和欧亚经济联盟之间的纽带，还积极寻求加入上海合作组织，重视和中国以及亚太国家的关系。由于有地理上的优势，欧盟曾是白俄罗斯第二大贸易伙伴，白俄罗斯也多次表示希望加强与欧盟的经济和人文联系。但欧盟不断强化对白俄罗斯的制裁，美国也不会放弃敌视白俄罗斯政府的政策，致使白俄罗斯与西方的关系趋于恶化，俄乌冲突后这种趋势更加明显。

中国和白俄罗斯 1992 年建交后双边关系发展平稳，近几年发展势头更为迅猛，而且是政治、经济、人文各个领域齐头并进。双边贸易额连年递增，2018 年双边贸易额超过 45 亿美元，2020年，中国首次成为白俄罗斯第二大贸易伙伴，2021 年更是达到创纪录的 60 亿美元；中国企业的投资更是强势增长，成为白俄罗斯第七大直接投资来源国；中国贷款支持的各种项目多达 23 个。

当然，两国迅速走近的原因不仅是经济上的互利和互补，还有人民间的深情厚谊。例如，白俄罗斯近年出现"中国热""汉语热"，2014 年习近平主席邀请 200 名切尔诺贝利核事故灾区儿童来华疗养，2015 年两国开通民航直航，这些事例说明双方的友好交往是建立在彼此认知和相互交流基础上的，人文基础同样坚实可靠。2020 年新冠肺炎疫情期间，双方相互支持，中国多次向白俄罗斯提供防疫和医疗物资。

值得一提的是中白工业园。中白工业园位于明斯克州，距白俄罗斯首都明斯克仅 25 千米，是中国目前在境外主导参与建设的最大工业园区。中白工业园是目前中白两国间合作层次最高、合作规模最大、占地面积最大、政策条件最优越的园区。白俄罗斯方面还特意强调其科技含量最高、合作示范性最强、地区辐射范围最广。很显然，这是两国经济合作的"样板"工程，也是中国与东欧国家共建"一带一路"的良好示范和"明珠"项目。

三、"一带一路"激发两国合作潜力

从 2013 年习近平总书记提出"一带一路"倡议至今，中国与沿线国家合作空间不断扩展，越来越多的国家希望参与其中，并与中国签署战略对接文件。"一带一路"倡议主张探索一种全新的区域合作模式，为各方搭建一个全新的合作平台，在因承古代"丝绸之路"优良传统的基础上，赋予其更多的时代内涵。在推进的过程中，综合考虑不同地区、不同国家的实际情况，尊重

制度和文化差异，兼顾中国和沿线国家的共同利益。

"一带一路"建设秉持的是共商、共建、共享原则，不是要替代现有地区合作机制和倡议，而是要在已有基础上，推动沿线国家实现发展战略相互对接、优势互补。沿线国家的国情千差万别，利益诉求各不相同，这种情况下就需要各个层面，特别是领导人之间加强沟通，形成更加广泛的政治共识。"一带一路"国际合作高峰论坛就能够发挥这样的作用。中国和白俄罗斯在"一带一路"框架内开展合作，并且在一些领域能够发挥示范作用。例如，疫情期间白俄罗斯作为中欧班列的重要枢纽，2020 年对华集装箱运输量超过 2.2 万个标箱，同比增长 70%。

"一带一路"是一个兼容并蓄的中国方案和中国倡议，致力于推动沿线国家扩大市场开放和贸易投资便利化，重视营商环境的改善和优化，倡导多边主义，反对贸易保护主义。白俄罗斯是主沿线国家，也希望借助与中国的合作实现经济的腾飞。个人认为，白俄罗斯可以利用其作为欧亚大陆陆路交通枢纽的地缘优势，成为连接中国与欧洲的桥梁和纽带，激发两国产能、基础设施、高科技、金融等领域务实合作的潜力，书写合作共赢的新篇章。

白俄罗斯也是我们研究所重要的研究对象，希望接下来能进一步加强彼此合作，共同推动中国的白俄罗斯问题研究和智库交流，为中白关系的发展作出贡献。谢谢大家！

近 30 年来中白关系的发展与经验

浙江树人学院白俄罗斯研究中心主任　王宪举

一、中白关系发展四部曲

如果把中国和白俄罗斯友好合作关系 30 年的发展比喻成一部雄壮的交响曲，那么可以分为四个美妙的乐章，也就是四个阶段。

（一）第一阶段（1992—1994 年）：建立外交关系

苏联解体后，1991 年 12 月 27 日，中国驻俄罗斯大使王荩卿作为政府代表赴白俄罗斯首都明斯克，与白俄罗斯外长彼得·克拉夫琴科举行会谈，就建交问题交换意见。1992 年 1 月 20 日至 24 日，白俄罗斯部长会议主席维亚切斯拉夫·凯比奇率领政府代表团访问中国，并在 1 月 20 日签署两国建立外交关系的协定和经济贸易合作协定。对于独立伊始的白俄罗斯来说，与中国建交不仅在政治上，而且在经济上具有非常重要的意义。

1992 年 4 月，中国驻白俄罗斯第一任大使王行达递交了国书。中国大使馆也成为白俄罗斯获得主权和独立地位后，在明斯克开设的第三个大使馆。白俄罗斯驻中国临时代办米哈伊尔·沙利莫则于 1993 年 3 月到达北京。

1993 年 1 月 8 日至 12 日，以最高苏维埃主席斯坦尼斯拉夫·舒什凯维奇为首的白俄罗斯代表团对中国进行国事访问。双方签署了联合声明、政府间鼓励和互相保护投资协定、民事和刑事法律援助条约等文件。

中白关系的第一阶段虽然时间短暂，但是建立了两国外交关系，开始了两国之间友好、正常的来往与合作，为双边关系发展奠定了基础。从白俄罗斯方面来说，与中国建交和发展关系的主要考虑是要赢得中国对其独立的承认和支持，开展经济贸易合作，增加产品出口。而从中国方面来说，部分原因是避免台湾地区抢先与白俄罗斯建立"外交关系"，由此在国际事务上给中国带来新的麻烦。当然，经贸合作也是重要原因。

（二）第二阶段（1995—2005 年）：走向战略伙伴关系

这一阶段两国在政治、经贸、文教等方面的合作得到长足发展，朝着战略伙伴关系逐渐迈进。

1. 高层互访明显增加

1995 年 1 月 17 日至 19 日，白俄罗斯第一任总统亚历山大·卢卡申科对中国进行国事访问，双方签署联合声明。这是卢卡申科作为总统对除前苏联加盟共和国以外的国家进行的第一次正式访问。1995 年联合声明中所说的"建设性协作新阶段"是符合实际的。因为在卢卡申科执政之前，以舒什凯维奇为首的白俄罗斯领导人对内搞激进的市场经济改革，对外奉行以亲西方为主的外交方针，中白关系发展受到很大影响。而卢卡申科上任后，开始实行"面向社会的市场经济"，积极与俄罗斯合作和结盟，坚决反对北约东扩。"随着卢卡申科当选白俄罗斯共和国总统，白俄罗斯和中国的关系在性质和发展速度上发生了明显变化。"[1]

自 1995 年开始，中国各层级代表团频频访白。1995 年 6 月，国务院总理李鹏访问白俄罗斯，签署了一系列合作文件，包括中国政府向白无偿提供价值 850 万元商品的协议。随后，为了落实李鹏总理访问期间达成的协议，中国对外经济贸易合作部副部长孙振宇率领大型代表团访白，深入研究白俄罗斯市场并建立贸易关系。

1996 年 12 月 4 日至 8 日，白俄罗斯代总理谢尔盖·林格率领政府代表团访华，重点讨论提高双边贸易额、开展生产与科技合作的问题。

1997 年 4 月，国务院副总理吴邦国访问白俄罗斯。双方就贸易增长、参与保障欧亚交通走廊建设、在两国建立合资企业等问题达成协议。1999 年 3 月，国务委员吴仪访问白俄罗斯。双方详细讨论了经贸与科技合作方案。2000 年 7 月，国家副主席胡锦涛

---

〔1〕 Анатолий Тозик, *Белорусско－китайские отношения в воспоминаниях белорусских послов，К 25－летию установления дипломатических отношений*，Минск：Издательский дом "Звязда"，2017 г，35 с.

访问白俄罗斯，受到热情而隆重的接待。9 月初，全国人大常委会委员长李鹏访白，加强了两国最高立法机构之间的合作。

2001 年 7 月，中国国家主席江泽民首次对白俄罗斯进行国事访问。其间，双方发表联合新闻公报，称此次访问"为新世纪双边关系长期、稳定发展注入了新的活力"。

2. 经贸合作加强

随着政治关系的加强，中白经贸合作也迅速发展。1992 年中白双边贸易额为 3400 万美元，1993 年为 4300 万美元。通过双方努力，1995 年达到 1.03 亿美元。由于双方刚建立起联系，对市场营销的研究也刚刚起步。白俄罗斯政府各机构、部门和企业表现得更加主动。这一阶段中白经贸合作的主要成绩如下：

第一，取消中介环节，钾肥交易量翻番。钾肥在白俄罗斯对中国的总出口量中约占 70%。当时中国约 60% 的宜耕土地钾肥短缺，迫切需要进口钾肥，每年需要进口钾肥约 220 万吨。与白俄罗斯竞争中国钾肥市场的有加拿大、以色列、约旦及俄罗斯的公司。当时白俄罗斯钾肥通过总部设在莫斯科的国际钾肥公司销往中国。白俄罗斯决定取消中介环节，直接与中国联系。1996 至 1999 年间，白俄罗斯钾肥在中国的销售量翻了一番多。

第二，成立合资企业，经营矿用自卸车。白俄罗斯的汽车设备出口也是增加商品销量的一个优先方向。20 世纪 90 年代初，世界最大水电站——长江三峡水电站开始建设，自动装卸车辆的市场需求大增。当时，中国约有 2000 辆载重量 30 吨至 42 吨的自动装卸车，远远不能满足需要。在此背景下，从 1996 年起，白俄罗斯开始向中国出口别拉斯牌自动装卸车。2009 年 9 月 18 日，中航技国际工贸有限公司和白俄罗斯别拉斯自动装卸汽车制造厂在中国成立了合资企业——中航别拉斯矿山机械有限公司，注册资本为 5000 万元人民币，双方各占 50%。主要经营别拉斯牌 30 吨至 320 吨的矿用自卸车。

第三，成立合资公司，生产特种车辆。明斯克轮式牵引车厂与中国航天三江集团在湖北省孝感市成立了三江瓦力特特种车辆有限公司，1997 年试运营，1998 年 5 月开业，直至今日仍在生产需求量颇大的卡车。为表彰三江集团的杰出贡献，集团党委书记孙梅初和合资企业总经理王建被授予"白俄罗斯共和国荣誉勋章"。

2002 年中白贸易额达到 2.639 亿美元，占白俄罗斯与亚太地区国家贸易总额的 47.5%。2005 年中国对白俄罗斯进出口贸易额达到 7.1497 亿美元，其中出口额增加 1.7 倍，达 4.3087 亿美元，进口额增长到 2.841 亿美元，贸易顺差达 1.4677 亿美元。

这一阶段存在的问题是，白俄罗斯在对外经济活动中缺乏经验，不知道如何开拓中国市场、如何制定竞争策略，常常不愿放弃预先设定的不合理价格而导致失去客户。白俄罗斯商品和服务销售方的出口战略在产品推销、灵活报价、售后服务和备用配件等四个方面存在不足。2000 年明斯克飞往北京的定期航班被取消，也对双边经贸往来发展产生了负面影响。

（三）第三阶段（2005—2013 年）：全面发展和战略合作

2005 年 12 月，卢卡申科总统再次对中国进行国事访问。与此同时，白俄罗斯在 2005 年年底取消了台北驻明斯克经济和文化代表处的注册权利。卢卡申科访华期间双方发表的联合声明指出，中白关系从此进入全面发展和战略合作的新阶段。双方签署了加强地方合作的协定。两国领导人决定在未来几年将中白贸易额提升到 15 亿美元。当时我在中国驻白俄罗斯使馆工作，见证了这一重大事件。实际上，2020 年双边贸易额已提升到 20 亿美元。

2007 年 11 月 4 日至 6 日，温家宝总理访问白俄罗斯时指出："我此次访白，就是为了通过同卢卡申科总统等白领导人会晤，落实两国元首达成的共识，就进一步推动双边关系，提高中白合作水平深入交换意见，为中白关系注入新动力。"〔1〕

2010 年 3 月 24 日至 27 日，国家副主席习近平访问白俄罗斯。这是习近平首次访白，白方高度重视。根据日程安排，卢卡申科总统与习近平副主席首先举行 20 分钟一对一会谈，然后举行大范围会谈。结果卢卡申科与习近平的一对一会谈一延再延，持续了将近两个小时。两位领导人就中白关系和国际局势进行了

---

〔1〕《温家宝抵达明斯克开始对白俄罗斯进行正式访问》，新华社明斯克 2007 年 11 月 4 日电。

深入的交谈，其中一项重要成果是就建设中白工业园达成一致意见。

（四）第四阶段（2013 年以来）：全面战略伙伴关系

2013 年 7 月 15 日至 17 日，卢卡申科总统对中国进行国事访问，两国宣布建立全面战略伙伴关系。在推进双边关系的具体举措中，令人瞩目的是建设中白工业园。2014 年，该工业园建设正式启动。

2015 年 5 月 10 日至 12 日，习近平主席访问白俄罗斯。双方签订了《中华人民共和国和白俄罗斯共和国友好合作条约》，为两国关系进一步发展奠定了坚实的法律基础。习近平主席考察了中白工业园。该工业园位于明斯克以东约 25 千米处，总规划面积 91.5 平方千米，预计总投资为 50 亿至 60 亿美元。习近平主席和卢卡申科总统出席了工业园管委会向首批入园企业颁发入园证书和意向入园企业向工业园管委会提交入园协议的仪式。习近平表示，要把中白工业园建设作为合作重点，发挥政府间协调机制作用，将园区项目打造成丝绸之路经济带上的明珠和双方互利合作的典范。[1]

为了加快工业园建设，2015 年 8 月 31 日卢卡申科颁布《关

---

〔1〕《习近平：把中白工业园建成合作典范》，http://politics. people. com. cn/n/2015/0512/c70731-26983940. html。

于发展白俄罗斯共和国与中华人民共和国双边关系》的第五号总统令，把与中国在"一带一路"框架下的合作提升为白俄罗斯的国家战略。总统令不仅给予中白工业园很大的优惠政策，而且在吸引投资方面表现出更大的灵活性。自此，工业园建设进入高潮，到 2019 年年底，第一期 8.5 平方千米基础设施建设完工，57 家企业签署入驻协议，协议投资额超过 11 亿美元。[1]

在中白关系快速发展的背景下，2016 年 9 月 28 日至 30 日，卢卡申科总统再次访华。两国宣布致力于建立相互信任、合作共赢的全面战略伙伴关系，发展双方全天候友谊，携手打造利益共同体和命运共同体。双方愿共同积极推进"一带一路"建设，加强"一带一路"倡议与白俄罗斯发展战略对接，深化双方基础设施、运输物流、信息通信等领域务实合作，共同保障有关项目安全顺利推进，进一步提升两国互利合作水平。

9 月 30 日下午，卢卡申科总统在北京大学英杰交流中心发表演讲。卢卡申科说，这是他第九次来到中国，在白中建交的 25 年里，白中两国始终保持友好合作的关系。他表示，白俄罗斯处于欧洲中心的地缘位置，希望成为推动世界多极化和欧洲稳定的一个支点。令他感到自豪的是，白俄罗斯与巴基斯坦、柬埔寨一起，成为中国最友好的国家之一。中国人称巴基斯坦是"巴铁"

---

〔1〕 赵会荣：《中国和白俄罗斯关系的进展和前景》，载《世界知识》，2020 年第 1 期，第 66—68 页。

（巴基斯坦"铁哥们"），现在中国又有了"白铁"（白俄罗斯"铁哥们"）。

2013 年下半年以来的这个阶段，是中白关系发展最快的阶段。近 5 年来，中国平均每年对白投资 3 亿多美元。在白俄罗斯登记注册的中资企业增加到 300 多家。2019 年两国贸易额突破 40 亿美元。

在政治、经济、贸易合作发展的同时，两国的人文合作也不断发展。双方签署了高等教育学历和学位互认文件。截至 2019 年 5 月，中白共签署 2 份政府间教育合作协议、3 份政府部门间合作协议和 350 多份校际合作协议，每年开展含 40 个名额的政府奖学金交流项目。白俄罗斯开设了 6 所孔子学院和 2 个孔子课堂。2014 年以来，中国陆续建立 10 余家白俄罗斯研究中心，个别院校还设立了白俄罗斯语专业。中国在白俄罗斯的留学生为 2000 多人，占外国留学生总数的 15% 以上。来华留学的白俄罗斯青年也逐年增加。中白每年轮流举办文化节，促进了两国人民的相互了解。两国分别在北京和明斯克建立了文化中心。中白两国互免普通护照人员签证协议于 2018 年 8 月 10 日生效。中国公民持普通护照可免签入境白并停留不超过 30 天，每年累计停留不超过 90 天。白俄罗斯是独联体国家中第一个与中国实行普通护照免签的国家，这充分反映了中白关系发展的高水平。

中白两国在联合国等国际多边舞台上的合作也很密切。具有代表性的例子是，2019 年 10 月 29 日，白俄罗斯代表 54 国在联大第三委员会审议人权问题时发言，坚定支持中国在新疆采取的反恐和去极端化措施。[1] 2020 年 7 月 1 日，在日内瓦举行的联合国人权理事会第 44 次会议上，白俄罗斯又代表 46 个国家作共同发言，积极评价中国新疆人权事业发展成就和反恐、去极端化成果，支持中国在涉疆问题上的立场。[2]

在 2020 年抗击新冠肺炎疫情斗争中，中白两国互相支持，体现了真挚的友谊。1 月 30 日，白俄罗斯政府派军机运送第一批 20 吨援助物资到武汉。[3] 2 月 6 日下午，白军方一架伊尔-76 专机运载的第二批 20 吨物资抵达北京，包括外科医用大褂、口罩、手套、碘酒、防护服、消毒液及其他医疗用品。[4] 而中国在抗击新冠肺炎疫情斗争取得明显成效后，4 月 17 日上午，中国援助的大量防护服、新冠病毒检测试剂盒等 30 吨抗疫物资运抵明斯克。[5] 2021 年 2 月 19 日，中国政府援助白俄罗斯的新冠疫苗运抵明斯克。白俄罗斯卫生部长皮涅维奇和中国驻白俄罗斯大使谢

〔1〕《白俄罗斯代表 54 个国家在联大三委关于涉疆问题的共同发言》，http://un.china-mission. gov. cn/chn/zgylhg/shhrq/liandawanwei1/201910/t20191030_8369426. htm。

〔2〕《白俄罗斯代表 46 国在联合国人权理事会作共同发言支持中国在涉疆问题上的立场》，http://news. cctv. com/2020/07/02/ARTIpqYxqOfFnQpHOwyciTzv200702. shtml。

〔3〕《白俄硬核援助中国：主动派军机拉来医疗物资》，https://m. huanqiu. com/article/9CaKrnKp7az。

〔4〕《白俄罗斯再派一架军机运来援助物资!》，https://m. huanqiu. com/article/9CaKrnKpepX。

〔5〕《中国援助白俄罗斯新冠疫苗运抵明斯克》，新华社明斯克 2021 年 2 月 19 日电。

小用到机场迎接，并出席疫苗交接仪式。皮涅维奇在致辞中对中国政府向白俄罗斯无偿提供宝贵的新冠疫苗表示感谢。[1]

2020 年 6 月，两国元首通电话，就新冠肺炎疫情背景下发展中白关系和深化各领域合作交换意见，达成重要共识。双方在涉及彼此核心利益和重大关切问题上相互坚定支持，在联合国等国际组织中开展密切协作。

2020 年 8 月 9 日总统选举后，白俄罗斯政局发生动荡。中国对此的立场是明确的。8 月 10 日，国家主席习近平致电卢卡申科，祝贺他再次当选白俄罗斯共和国总统。习近平指出，"我高度重视中白关系发展，愿同卢卡申科总统携手努力，共同推进中白全面战略伙伴关系，开拓两国各领域互利合作新局面，为两国和两国人民创造新福祉。"[2] 8 月 19 日，外交部就白俄罗斯大选后局势作出回应，指出："中国和白俄罗斯既是相互信任、合作共赢的全面战略伙伴，也是全天候伙伴。我们一贯尊重白俄罗斯人民根据本国国情选择的发展道路，及其为维护国家独立、主权、安全和发展所作出的努力。我们注意到，近期，白俄罗斯国内局势出现一些复杂因素。作为好朋友、好伙伴，我们不希望白俄罗斯局势生乱，反对外部势力对白俄罗斯社会制造分裂和动

---

〔1〕《中国援助白俄罗斯新一批抗疫特资运抵明斯克》，新华社明斯克 2020 年 4 月 17 日电。

〔2〕《习近平致电祝贺卢卡申科当选白俄罗斯总统》，新华社北京 2020 年 8 月 10 日电。

荡，希望并且相信白方能够通过自己的努力，保持政局稳定和社会安宁。"[1]

在经济合作领域，中白工业园成为"一带一路"合作的标志性项目。截至 2020 年年底，工业园共有来自 14 个国家的 68 家企业入驻，协议投资额超过 12 亿美元，行业涉及机械制造、生物医药、新材料、电子通信等。

2022 年 9 月 15 日下午，在乌兹别克斯坦古城撒马尔罕举行上海合作组织成员国领导人会晤期间，习近平主席与卢卡申科总统举行单独会谈。两国元首决定，将双边关系定位提升为全天候全面战略伙伴关系。

习近平指出，中白建交 30 年来，两国关系不断提质升级，全方位合作扎实推进。中白关系定位提升为全天候全面战略伙伴关系，实现了中白关系的历史性跨越。中方愿同白方一道，加大相互政治支持，释放各领域合作潜力，推动中白关系得到更大发展，更好造福两国人民。

习近平强调，在涉及中方核心利益问题上，白方始终给予中方坚定支持，中方对此高度评价。中方坚定支持白方走符合本国国情的发展道路，反对外部势力以任何借口干涉白俄罗斯内政，愿同白方推动落实全球发展倡议和全球安全倡议，维护国际公平正义。中方愿同白方保持密切交往，在投资、经贸等领域开展互

---

[1]《外交部发言人赵立坚主持例行记者会》，https://www.mfa.gov.cn/。

利共赢合作，推动中白工业园区朝着绿色、智慧、生态、数字化方向发展。双方要继续举办好"中白地方合作年"活动，开展高校人才联合培养。中方愿继续为白方抗击新冠肺炎疫情提供支持和帮助。

卢卡申科表示，对于白俄罗斯等很多国家来说，中国是十分可靠的伙伴。白中关系定位提升为全天候全面战略伙伴关系，完全符合白中关系现状和需要。白方坚定不移深化对华关系，坚定支持中国不断发展壮大，坚定支持中国实现国家统一，坚定支持中方在涉台等核心问题上的立场，将永远肩并肩同中国站在一起，做中国最可靠的朋友。白方愿更多学习借鉴中方成功发展经验，加强两国各领域务实合作。白方支持中方提出的系列重要倡议，希望同中方密切在上海合作组织等多边框架内合作。

会见后，双方发表《中华人民共和国和白俄罗斯共和国关于建立全天候全面战略伙伴关系的联合声明》，并签署关于科技、司法、农业、电子商务等领域合作文件。[1]

二、中白关系发展的主要经验

近 30 年来中白关系发展的主要经验可以归纳为以下三点。

---

[1] 《习近平会见白俄罗斯总统卢卡申科》，新华社撒马尔罕 2022 年 9 月 15 日电。

（一）中白两国之间具有良好的政治关系

中白两国高层交往频繁，就像走亲戚一样。习近平主席 2 次到访白俄罗斯，13 次同卢卡申科总统会晤，卢卡申科总统 13 次访华或赴华出席活动。元首外交在发展中白关系中发挥了决定性的引领作用。

中白两国在相互关系中都恪守和平共处五项原则，即互相尊重主权和领土完整、互不侵犯、互不干涉内政、平等互利、和平共处。在国际和地区事务中，中白在很多问题上立场相同或相近，例如在人权、联合国改革、竞选国际组织成员等问题上，两国相互支持，维护共同利益。中国尊重和支持白俄罗斯自己选择的国家发展道路。而白俄罗斯则在中国的核心利益和原则问题上一贯坚定支持中国。无论是台湾问题、涉港问题，还是涉藏和涉疆问题，白俄罗斯政府始终支持中国政府的立场。

白俄罗斯在重大问题上对中国奉行积极的合作政策。例如，2008 年年初达赖集团有组织、有预谋地策划了西藏拉萨的打砸抢烧暴力事件。一些国家竭力抵制当年 8 月在北京举行的奥运会，破坏奥运会的火炬传递活动。而卢卡申科总统坚定支持奥运会如期举行，呼吁不能把奥运会"政治化"。白俄罗斯政府明确支持中国政府在涉藏问题上的立场。自 2008 年以来，白俄罗斯领导人多次表示，鉴于白俄罗斯地理位置和地缘政治地位的重要性，白愿意成为中国与欧洲之间合作的平台。卢卡申科总统强调，白俄罗斯把中国看作世界多极化的重要支点，愿意把中国作为白俄罗斯"远弧外交"(面向亚非拉地区的外交)的支柱。

白俄罗斯是"一带一路"合作的坚定支持者和参与者。除了中白工业园,白俄罗斯境内和波兰交界的布列斯特在中欧班列沿线也发挥着重要作用。

(二)中白在经济贸易领域具有较强的互补性

苏联时期白俄罗斯是苏联的"总装配车间",工业基础较好,拥有机械、重型车辆制造等产业。其中别拉斯矿用车辆厂、马兹载重车辆厂、明斯克轮式牵引车厂、明斯克拖拉机厂和戈梅利农机制造厂等企业蜚声国内外市场。这些企业通过与中国企业联合,不断研发新技术和新产品,开拓新市场,焕发出新的生机。

为了增加出口,减少贸易逆差,近年来白俄罗斯开始向中国出口牛奶、牛肉等农畜产品。2018 年白俄罗斯向中国出口各类乳制品 18.6 万吨,出口的牛肉、鸡肉、奶制品和淀粉总价值约 1.14 亿美元。白俄罗斯的农产品和奶制品在中国市场受到欢迎。

(三)中白两国人民相互怀有友好感情

30 年来,中白两国人民相互理解,相互支持。两国之间的文化、教育、媒体等人文合作得到长足发展。每年轮流举行的文化年发挥了积极作用。例如,白俄罗斯国家芭蕾舞剧团在北京人民大会堂演出《天鹅湖》,万人礼堂座无虚席。白俄罗斯国家歌舞团在北京音乐厅的演出受到观众的热烈欢迎。

中国在白开设的六所孔子学院和明斯克中国文化中心运转良好,同时中国高校还建立了十几个白俄罗斯文化或研究中心。由赵会荣女士翻译、笔者校对的《白俄罗斯简史》在中国出版。《中国人看白俄罗斯》《中国外交官看白俄罗斯》《我们和你们：中国和白俄罗斯的故事》《白俄罗斯名人传》等图书在中国出版。由阿纳托利·托济克等七位大使撰写的《白俄罗斯驻华大使回忆录》于 2021 年 11 月在北京出版，作为向中白建交 30 周年的献礼。

总之，我们要继续努力，坚持发展和总结中白关系的重要经验，并且使之不断创新，把中白友好合作关系的交响曲演奏得更加雄壮、更加美好！

地缘政治背景下中白合作面临的挑战与机遇

——从中国企业视角分析

中白工业园首任首席执行官、

深圳综合开发研究院理事　胡政

在全球变局加速演进背景下爆发的俄乌冲突搅动了世界，特别是对欧亚地区地缘政治、经济产生了一定影响。企业国际化运营状况是国际政治经济特殊的"晴雨表"。在俄乌冲突背景下，面对外部环境变化带来的多重挑战和机遇，站在丝绸之路经济带第一线的中国企业需要加倍关注和积极应对。

白俄罗斯在"一带一路"，特别是丝绸之路经济带中发挥重要作用。一是白俄罗斯是中国经中亚向西进入欧洲的重要门户，是中欧班列进入欧洲的重要通道与枢纽。二是白俄罗斯联结欧盟和欧亚经济联盟两大经济区，是中国企业投资俄语区、邻近欧盟国家的重要考量因素。三是白俄罗斯十分重视中白友好合作关系，最先响应、支持并积极参与"一带一路"。2022 年上合组织成员国元首理事会期间，中白两国元首宣布将两国关系提高到全天候全面战略伙伴关系高度，推动中白合作迈向更深层次、更高水平。

一、中白合作的新挑战

俄乌冲突对"一带一路"的影响是巨大的。突出表现在：一是俄乌冲突使地缘政治斗争更加激烈，阵营更加分明；二是国际反华势力直接干扰破坏"一带一路"合作机制；三是中亚变局演进速度加快。

俄乌冲突使白俄罗斯国际政治关系更加微妙、更加复杂，周边地缘政治环境趋于恶化。当前，白俄罗斯国内长期历史积淀的亲俄基础、被压抑但不断增长的亲欧美势力、逐步形成的友华力量形成了四个基本关系，即：十分微妙的俄白关系、着眼战略合作的中白关系、平衡利益的欧美关系、追逐地位和影响力的周边关系。

俄乌冲突使中东欧地区已有的矛盾更加显性化，国家间俨然分成了两大阵营，以俄罗斯为一方，以美欧支持的乌克兰和反俄派为另一方。除乌克兰与俄罗斯爆发直接冲突之外，立陶宛、波兰也急不可耐地冲在反俄第一线，可以说白俄罗斯周边国家全部站到了反俄阵营，只有白俄罗斯明确站在俄罗斯一边，由此形成了与周边国家的严重对立局面。2021 年，立陶宛禁止白俄罗斯货物过境；白俄罗斯也配合俄罗斯对立陶宛实施反制裁。2022 年，波兰在波白边境修建的长达 186 千米的边界墙完工，被白俄罗斯外长称为"欧洲新的铁幕"。俄白的紧密关系直接导致白俄罗斯周边地缘政治环境恶化。

（一）俄乌冲突直接影响白俄罗斯的经济环境

一是美欧对俄罗斯的高强度经济制裁严重打击俄罗斯经济，使与之密切联系的白俄罗斯经济受到波及。加拿大总理特鲁多于2022年6月27日在德国访问时宣布，加拿大将对俄罗斯和白俄罗斯实施额外制裁：禁止出口某些可能提高俄罗斯国防制造能力的先进技术，包括量子计算机和先进制造设备、相关组件、材料、软件和技术；禁止向白俄罗斯出口可用于制造武器的先进技术和商品；禁止加拿大和白俄罗斯之间各种奢侈品的进出口；对来自俄罗斯、乌克兰和白俄罗斯的上千名个人和实体实施制裁。二是白俄罗斯与欧盟改善关系的进程中断。白俄罗斯在保持与俄罗斯战略关系的同时，一直在想办法改进与欧盟的关系，特别是发展与欧盟的经贸合作关系。但俄乌冲突的爆发，令白俄罗斯与欧盟的关系更加疏远，这对以外向型经济为主的中白工业园及在白中国投资企业来说十分不利，不仅无法利用白俄罗斯的区位优势进入欧洲市场，反而受到经济制裁。

（二）俄乌冲突叠加疫情使中白重大合作项目实施难度加大

中白工业园位于白俄罗斯首都明斯克市郊，总占地面积为91.5平方千米，是中国目前参与开发的面积最大、合作层次最高的境外经贸合作区。此工业园区由中国和白俄罗斯两国元首倡导，两国政府大力推动，中国两大央企主导开发运营，已成为丝绸之路经济带重要标志性项目，是中白经贸合作综合性战略平台。截至 2019 年年底新冠肺炎疫情暴发前，园区已经建成一期8.5 平方千米的基础设施，近 60 家企业入驻。

但俄乌冲突使正处于爬坡期的中白工业园经营难度加大。从2015 年 5 月启动开发建设伊始，中白工业园即启动了招商引资。2020 年开始，新冠肺炎疫情对园区招商引资造成严重冲击，俄乌冲突更是进一步加剧了招商引资的难度。究其原因，其一，中国企业入驻数量减少。中国企业投资是中白工业园投资项目引进的基本来源，而中国企业受疫情和经济下行影响，放慢了"走出去"的步伐。其二，园区对欧洲的吸引力大大减弱。由于政治因素影响，特别是俄乌冲突前就已开始的美欧对俄罗斯、白俄罗斯的经济制裁恶化了投资环境，一些原本有意来中白工业园投资的欧洲企业或放缓、或放弃投资。白俄罗斯市场狭小，其经济特点是出口导向型经济，中国企业及其他第三方企业到白俄罗斯投资，主要看重的是白俄罗斯的地理位置方便将产品向欧洲出口。俄乌冲突导致这一渠道基本关闭，美西方对俄罗斯的全方位制裁直接波及白俄罗斯，严重影响了企业投资战略的实施。

（三）俄乌冲突对白俄罗斯在中欧班列运行中的重要通道作用构成潜在影响

中欧班列是"一带一路"重要的标志性公共产品，对于欧亚陆路物流大通道建设具有重要意义，也是"一带一路"发展的重要"晴雨表"和"温度计"。2013年习近平总书记提出共建"一带一路"倡议以来，丝绸之路经济带的建设取得明显成果，中欧班列近10年开行数量稳健增长，从2013年的80列，快速发展到2022年的16 000列。中欧班列物流服务网络覆盖亚欧大陆全境，成为沿线国家广泛认同的国际公共物流产品。在中国通往欧洲的陆路交通大干线上，白俄罗斯是中欧班列必经之地，经过白俄罗斯向西北可达波罗的海沿岸；向西南经布列斯特进入波兰、德国杜伊斯堡、西班牙。进入欧洲的中欧班列超过85%都要经过白俄罗斯。同时，明斯克又是中欧班列对俄贸易货物集散地。白俄罗斯作为中欧班列的必经之地直接享受中欧班列带来的红利，其地位和作用越来越凸显。

俄乌发生冲突以来，中欧班列的货源显现结构性变化。中国交通运输协会国际班列咨询服务中心分析称：俄乌冲突给中欧班列的业务尤其是欧洲业务发展带来很大不确定性。俄乌冲突爆发以来，由于美欧对俄罗斯的制裁，欧洲各大货代企业均暂停了过境俄罗斯的中欧班列业务，中国与欧洲间的货源组织受到冲击，班列欧洲开行频次减少、欧洲业务下降30%—50%，这对正在形成的白俄罗斯重要通道作用构成潜在的影响。据白俄罗斯铁路集团提供的统计数据，2022年上半年，中欧班列经白俄罗斯过境24万个标箱，同比下降22%，其中东向过境15万个标箱，同比下降21.8%，西向过境9万个标箱，同比略有增长。

（四）白俄罗斯同中亚国家一样进入政治动荡期

中亚变局演进速度加快，包括中亚地区国家在内的前苏联国家在丝绸之路经济带上占据了十分重要的战略地位。这些国家在冷战时期是苏联的后院，影响不突出。冷战结束后，中亚作为重要的战略缓冲地带，地缘政治意义凸显。俄罗斯一直在加强对中亚的控制，谨防其他势力介入，美国则不断渗入、搅乱该地区。俄乌冲突爆发后中亚地区的战略地位重要性上升到新高度，成为俄美争夺的重要战略地区。受俄乌冲突影响，中亚国家政治更加趋于不稳定，进入动荡变革期。俄罗斯对中亚国家的控制受到不同程度的质疑甚至挑战，这也是苏联解体 30 年内未曾出现过的。同时，中亚各国内部矛盾不断集聚，社会动乱、政治动荡，骚乱事件频发。作为前苏联的联盟国家、独联体重要成员、俄罗斯重要盟友的白俄罗斯同样处在重大的社会变革之中，而白俄罗斯与俄罗斯更加紧密的特殊关系，使白俄罗斯面临更加复杂的局势。

二、中白合作的新机遇

（一）伴随俄罗斯向东拓展战略合作空间，中白之间会进一步加大经贸领域的合作力度

面对美欧的全面制裁和对抗打压，俄罗斯的安全环境、发展条件和国际合作条件都发生了根本性变化。俄乌开始冲突后，俄

罗斯外长拉夫罗夫曾公开表示：从现在开始，俄罗斯不再相信美国和欧盟，将采取一切必要措施，在关键领域不再依赖西方。俄乌冲突促使俄罗斯向东拓展战略合作空间，进一步夯实中俄合作是俄罗斯在大变局下最重要的战略选择，而"一带一路"就是中俄合作的重要抓手和战略平台。在此战略性调整背景下，同样受到美西方严厉制裁的白俄罗斯也会选择东向合作战略，从而推动中白加大经贸合作力度，拓展合作领域。

（二）俄乌冲突使俄罗斯对中亚的影响力受到挑战，利于促进丝绸之路经济带沿线合作

随着俄乌冲突的发生，中亚变局加速演进，俄罗斯在政治经济军事压力之下，对待中亚国家的态度也发生了明显的变化，这对于中国积极发展与中亚国家和"一带一路"沿线国家的合作，建立稳定的周边关系和经贸合作关系，推动实施互联互通、战略政策积极对接具有重要意义。普京表态俄罗斯不再反对中吉乌铁路项目的建设就是一个重要实例。中吉乌铁路迟迟不能上马的多个原因中，俄罗斯的反对是一个不得不考虑的重要因素。中吉乌铁路的建设对于地处内陆地区的中亚国家意义重大，该铁路一旦建成，可联结伊朗、土耳其至中东欧，并加强该地区南部和东部方向的运输连通性，成为西向中欧班列外联吉尔吉斯斯坦、乌兹别克斯坦经伊朗、土耳其至中东欧的又一条战略新通道。

中白合作一直以来受到欧亚经济联盟的影响，中国企业在投

资准入、产品标准、原产地、出口等多方面受到限制，一定程度上影响了中国与欧亚国家之间的深度合作。这样的局面能否得到一定程度的改善，白俄罗斯能否更加自主，是需要冷静观察的，这对于加大中白合作力度有重要影响。

（三）白俄罗斯将利用上海合作组织平台加强区域合作，特别是中白之间的区域战略合作

上合组织经过 20 年的发展，已经从地区合作机制扩展成为亚欧区域重要的地区性国际组织，是世界上幅员最广、人口最多、市场最大的综合性区域合作组织。上合组织国家都是丝绸之路经济带上的沿线国家，普遍支持"一带一路"。2018 年青岛上合组织成员国元首理事会上，中国领导人宣布在青岛建设上合组织地方经贸合作示范区。2022 年 9 月，白俄罗斯向上合组织正式提交成为成员国的申请。白俄罗斯加入上合组织有助于白俄罗斯在发展同上合组织国家多边关系的同时，更加拉进中白经贸合作关系、拓展中白经贸合作渠道、扩大中白经贸合作规模。

（四）中白企业间交流合作不断扩大，认可度不断加深，依存度逐步贴近，合作发展基础进一步夯实

中白企业间的投资经贸合作源于 2008 年，根植于 2010 年，加快发展于 2015 年。在近 20 年时间里，两国企业不断加深了解，合作领域从无到有，合作经验不断丰富，合作规模从小到大。目前两国经贸合作涉及领域包括工程承包、投资、货物进出口与服

务贸易、物流等。近年来，中白经贸合作力度不断加大，增长迅速。尤其是新冠肺炎疫情暴发以来，中白两国贸易合作逆势增长，双边贸易额屡创新高。据中国海关总署统计，2020年，中白贸易额首次突破30亿美元，其中中国对白出口额21.13亿美元，自白进口额8.89亿美元。2021年，中白贸易额38.2亿美元，同比增长27.33%，其中中国对白出口额27.29亿美元，同比增长29.15%，自白进口额10.91亿美元，同比增长22.7%。2022年，中白贸易额继续保持良好增长势头。白俄罗斯对华出口的主要商品有：钾肥、冷冻牛肉、木材、家禽肉类和食用内脏、炼乳和干奶、奶油、木浆、钠或硫酸盐、乳清、糖、菜籽油、电子集成电路。2022年1—7月，白方向中方发运453列，是2021年的3.5倍，主要货物品类是钾肥、锯材和奶粉乳清。

在投资合作方面，据《中国对外直接投资统计公报》统计，在白注册的中资企业约300多家。截至2022年1月1日，共有123家白俄罗斯生产商在中国获得认证。中白工业园继续得到两国政府的大力关注和持续支持。2022年9月，中白两国元首在撒马尔罕上合组织成员国元首理事会期间，再次明确双方将共同努力把中白工业园建设为国际化合作项目和明斯克市卫星城。中方表示愿继续支持本国大型生产企业和高科技企业入驻工业园，积极推进多式联运铁路站合作项目建设。当前，中白工业园克服各种不利因素，顶住压力，稳中求进，实现投资入园项目过百。

俄乌冲突尽管是一场局部军事冲突，但由于其深刻、复杂、宏大的政治背景，不仅对地缘政治产生重大影响，也对世界大变局产生重大影响。当前，这场冲突的影响还在持续演变、发酵，中国企业"走出去"面临更多不确定因素，需要我们继续给予应有的关注，并予以积极应对。

俄乌冲突背景下的中国与白俄罗斯关系

中国社科院俄罗斯东欧中亚研究所乌克兰、白俄罗斯、

摩尔多瓦研究室主任、研究员　赵会荣

自 2022 年 2 月 24 日俄罗斯对乌克兰采取特别军事行动以来，俄乌冲突持续至今，进入残酷的消耗战和拉锯战阶段，并显现出长期化趋势。这场冲突虽然是 2014 年乌克兰危机的延续，但对于中白两国和世界来说都是始料未及，它的影响也是巨大和深远的。

一、俄乌冲突对世界和中白两国的影响

就目前来看，俄乌冲突对世界的影响主要体现在三个方面：一是加剧了国际政治中的集团对抗；二是促使工业原料价格持续上升，粮食安全风险和全球滞胀风险增大，部分国家陷入粮食危机、能源危机，世界经济增长放缓；三是恶化了国际安全形势，加剧了军备竞赛，导致部分国家局势紧张甚至陷入动荡。

这场冲突使白俄罗斯和中国的外部安全环境和发展环境受到不小的影响。对于白俄罗斯来说，冲突的影响更为直接。冲突发

生以来，白俄罗斯北部和西部的安全压力明显增大，迫使白方在短期内迅速提升防御能力；而西方采取的广泛制裁措施也导致白俄罗斯经济发展速度进一步放缓，不得不调整对外经济活动发展的方向和路径。白俄罗斯统计委员会公布，2022 年 1 月至 8 月，白国内生产总值（按可比价格）同比下降 4.9%，工业生产同比下降 6.6%；世界银行 6 月发布的《世界经济展望》预测，2022 年白俄罗斯实际国内生产总值增速将从上年的 2.3% 转为 -6.5%；国际货币基金组织 10 月 11 日的预测从之前的 -6.4% 调整为 -7%。当然，国际组织的预测只是参考，与实际情况可能不完全相符。对于中国来说，冲突干扰了中国发展的外部环境，叠加新冠肺炎疫情的影响，经济保持高速增长的压力增大，构建人类命运共同体的任务更加艰巨。

二、中白合作取得全新进展

在复杂不利的国际环境下，中白两国继续守望相助，携手构建中白命运共同体，在涉及彼此核心利益问题上相互坚定支持，在国际和地区事务中密切有效协作，积极探索务实合作的新途径和新模式，取得显著成果，成为构建新型国际关系的典范。

（一）中白关系达到了历史最好水平

两国继续保持高层和各级别的高频次政治交往，实现了中白关系的第四次提质升级，达到了历史最好水平，这也体现出中白关系的高水平和特殊性。2022年是中白建交30周年，对于两国关系来说是具有里程碑意义的年份。

2022年中白关系中最重要的政治事件是两国元首在撒马尔罕的会晤。9月15日，习近平主席与卢卡申科总统在撒马尔罕出席上海合作组织成员国元首理事会第二十二次会议期间举行会晤，共同发表联合声明，宣布将双边关系定位从相互信任、合作共赢的全面战略伙伴关系提升为全天候全面战略伙伴关系。这意味着两国元首外交将继续发挥引领作用，推动双方合作进入新的发展阶段。值得一提的是，中方在联合声明中明确表示：中方高度评价白俄罗斯共和国取得的发展成就，支持白方为确保政治社会稳定和经济发展所作的努力，注意到白俄罗斯人民在2022年2月27日举行的白俄罗斯共和国修宪公投中自由表达意志，反对外部势力以任何借口干涉白俄罗斯内政。[1] 在西方国家普遍不承认卢卡申科政权并对白俄罗斯进行严厉制裁的背景下，中方的表态彰显出对于"铁哥们"的高度支持和双方的高度互信。白俄罗斯一如既往坚持一个中国政策。2022年8月2日，白外交部就佩洛西窜访台湾地区发表声明，支持中方为实现国家统一持续采取的措施。

---

〔1〕《中国和白俄罗斯联合声明：将中白关系提升为全天候全面战略伙伴关系》，中新社撒马尔罕2022年9月16日电。

(二) 中白贸易额继续保持逆势增长

根据中方数据，中白双边贸易额由建交之初的 6080 万美元增长至 2021 年的 38.22 亿美元，提升近 62 倍。2022 年 1—8 月，中白双边贸易额达到 29.66 亿美元，同比增长 18.5%，其中中国自白进口额增幅高达 67.5%。[1] 目前，白俄罗斯共有 200 余家企业获准进入中国市场。白俄罗斯对华出口商品结构呈现多元化趋势，其中农产品对华出口增幅较大，泥炭的出口潜力日益显现。

在金融合作方面，白俄罗斯加速对接中国金融体系，决定使用人民币支付美元债务，将本国银行接入人民币跨境支付系统，并在 2022 年 12 月引进中国的银联系统。

白俄罗斯是"一带一路"倡议的坚定支持者和重要参与者。中白工业园是两国合作规模最大、层次最高的项目，也是中国面积最大的境外经贸合作区和"一带一路"标志性项目。截至 2022 年年底，园区入园企业近 100 家，协议投资额近 13 亿美元，行业涉及机械制造、生物医药、新材料、电子通信等。7 月 6 日，中白工业园积极拓展跨境电子商务的新模式，在中国京东、抖音等电商平台开设"白俄罗斯国家馆"，构建了白俄罗斯优质产品进

---

[1] 《谢小用大使就中白元首会晤、两国关系等问题接受白俄罗斯〈星报〉专访》，http://by.china-embassy.gov.cn/sssgxwdt/202209/t20220930_10775770.htm。另据白方统计，2021 年白中双边贸易额达到创纪录的 59 亿美元。

入中国市场的新通道。8月30日，中白工业园与上合组织地方经贸合作示范区签署合作备忘录，双方互设联络处，并在上合示范区设立白俄罗斯商务咨询服务中心，以促进双园互动、协同发展。双方还启动首个产业项目，即由青岛格瑞威新材料科技有限公司投资建设的耐磨防腐抗感染镀膜项目。除了中白工业园，白俄罗斯吉利汽车项目和白俄罗斯国家生物技术公司也是两国重点合作项目。

交通物流合作是中白合作的重要内容。白俄罗斯是中欧班列的重要枢纽，85%以上的中欧班列过境白俄罗斯。据中方统计，2022年上半年，中白间双向开行中欧班列数量达565列，同比增长14%，为维护双边贸易供应链稳定发挥了积极作用。中白国际道路运输联合委员会举办了第二次会议，决定实施中国—白俄罗斯—中国线路货物流通和运输许可证交换试点项目。

（三）人文与地方合作显著增强

自2018年起，两国互认学历。中国对白每年开展包含40个名额的政府奖学金交流项目。中国驻白俄罗斯大使馆自2016年起设立"中国大使奖学金"，资助学习汉语的白俄罗斯大、中学生。中国迄今在白俄罗斯已设立六所孔子学院和两个孔子课堂。2014年以来中国高等院校已建立十余家白俄罗斯研究机构，北京第二外国语学院、天津外国语大学、西安外国语大学和北京外国语大学还设立了白俄罗斯语专业。

2021 年 1 月，习近平主席和卢卡申科总统通话时决定将 2021 年和 2022 年定为"中白地方合作年"。2021 年中白两国共同实施了 100 多项丰富多彩的地方合作交流活动。中国社会科学院中白发展分析中心也举办了中白地方合作论坛。截至 2022 年 1 月，两国友好省州和友城数量达到 35 对，白俄罗斯全国 6 个州和明斯克市均同中国有关省市建立了友好关系。2022 年，中国甘肃省与白俄罗斯格罗德诺州举行会议，纪念两地建立友好省州关系 15 周年，并签署《甘肃省与格罗德诺州 2022—2023 年合作计划》。

三、中白关系砥砺前行的原因

中白两国能在动荡的世界局势下，一直保持良好的互利共赢关系，且开创了前所未有的外交格局，主要基于以下三个方面的原因。

（一）两国有着高度的政治互信

这种政治互信来源于很多方面：第一，两国历史上不存在复杂棘手的问题。第二，两国民众之间对于对方有较强的好感。第三，两国在国际问题和治国理念上有很多共识，比如都坚持独立自主、和平的外交政策，反对霸权，主张建立公正合理的国际秩序，主张根据本国国情选择发展道路，反对外部干涉，在制定政策的过程中始终把人民的福祉和利益放在第一位。第四，两国虽然所处的环境、经济体量和发展阶段不同，思维方式和国情也存在一些差异，但两国在处理双边合作中出现的技术性问题时能够相互尊重、平等协商，使问题得到妥善处理。比如，两国元首在撒马尔罕会晤期间，就汽车制造、钾肥生产以及金融等合作中的问题进行了磋商并作出决定。第五，在长期的交往过程中，两国在涉及彼此核心利益和重大关切问题上相互坚定支持，在国际事务中密切协作，使双边信任关系不断得到巩固。

（二）两国的利益诉求彼此契合

以经济合作为例，两国在经济方面优势互补。白俄罗斯拥有相对稳定的发展环境、良好的工业基础、显著的区位优势，利用中国提供的资金、技术和市场，能够实现自身产业升级、巩固传统产业优势、提升产业发展水平、促进经济的多元化发展，同时中国也愿意通过扩大经济合作实现互利共赢。

（三）元首外交发挥重要的引领作用

相对稳定的高层对话机制、领导人之间良好的私人和工作关系对于国家间增进了解和互信非常必要，也有利于提升国家间关系。疫情发生前，卢卡申科总统每一次访华都受到中方高规格热情接待。反过来，中国领导人访问白俄罗斯也是一样。2022 年习近平主席与卢卡申科总统举行面对面会晤，确立两国全天候全面战略伙伴关系。两国元首对于发展双边关系都非常重视。卢卡申科总统共签署发展中白关系的两个总统令、发展中白工业园的四个总统令。习近平主席也非常重视中白关系以及中白工业园的发展，对于发展双边关系和中白工业园也多次作出重要指示。两国的元首外交为双边关系发展指明了前进的方向。

俄乌冲突对白俄罗斯的影响
及对深化中白合作的思考

上海社会科学院俄罗斯中亚研究中心主任、研究员　潘大渭

欧亚地区是整个欧亚大陆的战略腹地。白俄罗斯与波兰、立陶宛毗邻，地理位置与乌克兰相近，是欧亚地区国家中最接近欧洲的国家之一，被美国媒体称为"架在北约咽喉处的一把刀"。同时，白俄罗斯也是俄罗斯和独联体国家与欧洲国家的地缘政治交叉点。在俄罗斯战略空间不断被压缩的情况下，白俄罗斯为俄罗斯提供了抵御北约的关键战略缓冲地带。所以，以美国为首的西方国家始终将白俄罗斯视为该地区地缘政治博弈的关键点。中国是欧亚地区的邻国，欧亚地区的安全对中国具有至关重要的意义，该地区的经济发展与中国密切相关。

一、俄乌冲突对白俄罗斯内政外交的影响

俄罗斯始终宣称在乌克兰的行动是"特别军事行动"，而俄罗斯多次明确指出，此次行动旨在重新整合后苏联空间，以实现

俄罗斯构建大欧亚联盟的战略意图，战事的结果将深刻影响俄罗斯的国运和前途。随着美国和西方国家在俄乌战事中的介入不断加深，这场代理人战争已成为一场攸关美国和西方国家能否保住自己在国际政治舞台上霸权和威信的博弈。正因为此，美国和西方国家无视日益严峻的国内问题和困难，依然不堪重负地咬牙维持对乌援助。对俄罗斯和白俄罗斯而言，这场博弈堪称一次关乎物质和意志的考验。

在对外政策方面，白俄罗斯在优先发展与俄罗斯关系的同时，坚持多元外交。2020 年 8 月，白俄罗斯总统大选受到来自西方的粗暴干涉和施压，这坚定了白俄罗斯与俄罗斯密切关系的决心，加快了俄白联盟的一体化进程。2022 年 2 月，俄罗斯在乌克兰开展特别军事行动后，白俄罗斯作为俄罗斯的联盟国家，明确表示对俄罗斯的坚定支持。白俄罗斯与俄罗斯具有唇亡齿寒的关系，因此将会成为欧亚地区地缘政治博弈的焦点之一，也会受到来自美国和西方国家更多的挑衅和压力。

白俄罗斯与乌克兰是传统的贸易伙伴国，两国间的经济交往频繁。随着两国关系的恶化，双方经济联系将会进一步受到波及。在白俄罗斯对乌贸易中，石油制品占对乌出口的 70%。作为俄乌能源交易的重要通道，白俄罗斯从转口贸易中获利颇丰。因此，对白俄罗斯来说，对乌能源贸易中断带来的损失重大。尽管两国间的能源交易一直未中断，但由于对前景的担心，近期白俄罗斯居民的长期存款呈下降趋势。同时，俄罗斯因支撑特别军事行动所需和补贴卢甘斯克、顿涅茨克等地区的经济，金融系统承压，这种压力也传导到对白俄罗斯的投资和贷款。这些因素都将对白俄罗斯金融领域产生影响。

美国在2022年国防战略报告中将中俄两国定位为美国"最重要的战略竞争对手"和"严重威胁"，并计划在多个领域对两国进行全面封锁和遏制。欧洲与俄罗斯的产业链和中美之间的产业链是维系全球地缘战略和全球经济稳定发展的两大重要链条。在全球化条件下形成的这一格局惠及各方，形成一段时期内相对稳定的国际环境。随着中国国家实力增强和俄罗斯的复兴，美国和部分西方反华势力错误地认为，是中国-欧美、俄罗斯-欧美的经济联系得以使中国和俄罗斯坐大，从而危及美国和欧洲的安全。美国肆意围追堵截、挑起事端、制造冲突，试图从舆论到经济孤立俄罗斯、打压中国经济、破坏中国与外界的联系和合作。当初以美国为首的部分西方国家推动全球贸易"自由化"是为了通过扩大市场经济掌握全球经济霸权。一旦看到原先倡议的全球化危及自身在全球的地位，他们不惜破坏市场规则与治理机制，以安全和意识形态为幌子对别国肆意实施制裁和打压，以赤裸裸的霸权和霸凌行径破坏二战后基于国际合作和协商形成的国际秩序和经济治理体系。这是当前国际格局面临百年未有之大变局、全球经济体系发生深刻变革的集中表现和深层缘由。由于俄乌冲突和以美国为首的西方国家对俄罗斯实施制裁，全球石油、粮食等战略资源产品价格飙升，对欧洲国家的产业链形成严重冲击，进而加速推动世界产业链重组。在此背景下，作为地缘政治史上历来备受关注的地区，欧亚地区的政治安全和经济形势正面临自冷战结束以来最严峻的挑战。

二、俄乌冲突背景下对深化中白合作的思考

在国际形势复杂多变和日趋严峻的形势下，继续巩固和进一步推进中白两国的全天候全面战略伙伴关系，是两国的共同愿望。白俄罗斯是继巴基斯坦之后第二个与中国结成全天候战略伙伴关系的国家。在 2022 年 9 月举行的上海合作组织峰会上，白俄罗斯向上合组织正式提交了加入申请。美西方不断对白俄罗斯进行施压、制裁，使白俄罗斯战略安全环境不断受到挤压。成为上合成员，将有利于白俄罗斯缓解来自美西方的政治和经济压力、扩大战略空间，同时也为中白两国的战略合作增加一个开展多边合作的平台和机制。

至今为止，俄罗斯在白俄罗斯的经济结构中仍占有重要地位。根据苏联时期的经济分工，白俄罗斯是苏联的"装配车间"，一些企业在解体后被保留下来，成为白俄罗斯经济的国营骨干企业。鉴于俄白紧密关系和白俄罗斯经济相对稳定，对俄罗斯的企业来说，白俄罗斯是理想的投资地和避险地。根据俄罗斯中央银行统计，白俄罗斯不仅是俄罗斯在欧亚经济联盟国家中投资最多的国家，而且在俄罗斯对外投资中也是名列前茅。俄罗斯最大的 50 家企业在白俄罗斯都有投资，投资领域几乎遍布白俄罗斯所有

的经济门类。俄白之间经济联系程度可以说是唇齿相依。在特别军事行动开始当天，俄罗斯卢布对美元汇率下跌 8%，白俄罗斯卢布应声下跌 6%。受西方制裁的俄罗斯银行中，有两家银行是白俄罗斯进行国际结算的金融机构，因此白俄罗斯企业交易和结算已经受到对俄制裁的溢出影响。值得注意的是，在白俄罗斯流通最多的是万事达卡和维萨卡，而本国银行发行的 Белкарт 流通率只在 10% 左右。一旦美国和西方在金融领域对白俄罗斯银行系统发起严厉制裁，将会对其社会生活和经济活动造成直接冲击。

中国与白俄罗斯经济联系发展迅速，截至 2022 年上半年，中国已成为白俄罗斯第二大贸易伙伴国。白俄罗斯地理位置优越，工业基础良好，近年来中白不断探索如何减少两国在经济合作中的制度壁垒以改善营商环境。中国与白俄罗斯建交以来的 30 年，也是中国经济发展最快的 30 年。这些都为中白两国经济合作和科技合作不断发展提供了广阔的空间和巨大的潜力。在美国和西方国家不断对白俄罗斯施加政治和经济压力的背景下，扩大中白两国合作将增强白俄罗斯的社会经济韧性，对应对潜在的极端情况具有重要的战略意义。中白两国在精密机械、数字技术、人工智能等高科技领域的合作具有巨大的潜力；依托白俄罗斯地理位置的优势，可以充分发挥其在欧亚地区交通枢纽的作用；良好的政治互信和战略需求为推进金融合作和本币结算提供了重要的条件。中白两国的经济合作既有合作的空间，又有合作的战略需求。

政治互信是奠定中白两国关系的基石。两国人民相互理解和了解是建立政治互信的必要条件之一，这也即"一带一路"倡议所强调的民心相通。从这个意义上说，民心相通至关重要。中白之间在实现民心相通方面具有有利条件。虽然两国远隔万水千山，有不同的历史和文化传统，但两国都曾经有过一段相似的历史经历，因此在政治生活和社会生活中，彼此间比没有这段经历的国家和人们之间更容易交流，这也是一种文化基因。值得注意的是，虽然这个文化基因影响了整整一代人，甚至几代人，但如果不加以维护和发展，它也会衰退。况且，面对发展和深化中白两国全天候全面战略伙伴关系这一宏大任务，仅仅有这些文化基因显然是不够的，我们需要全面增强两国之间的文化吸引力。

民心相通不局限于人文交流，它体现在各个领域和各个层面，大到国家层面的交流和沟通，小到个人行为和形象的展示。两国间任何一个层面的交往都涉及人与人的交往和人的心理感受，因此也就渗透和体现着人文交流。

每个人既是文化的受体，也是文化的载体。我们不仅需要国家层面的项目，也需要具体的与个体相关的项目。正如白俄罗斯第一副总理尼古拉·斯诺普科夫在《白俄罗斯驻华大使回忆录》一书中所说，"正是包括我们和你们在内的两国人民，在创造着白中两国关系的历史。"[1]

---

〔1〕 阿纳托利·托济克主编，贝文力等译：《白俄罗斯驻华大使回忆录》，北京：当代世界出版社，2021 年版，序言第 2 页。

为了使中白两国的政治、经济、文化、教育、国民形象和民族精神等能在两国人民中形成一种持久的影响力、吸引力，我们需要做更多的基础工作，向两国社会提供更多的文化产品，通过这些文化产品产生影响力。这些工作往往是润物细无声的。如果中白两国人民彼此间都心存好感和热心发展两国友谊，那么中白友谊就会发展得越来越好。

当前国际形势下白俄罗斯外交破局及其意义

四川外国语大学白俄罗斯研究中心主任　杨俊

我认为，当前的国际形势可以用一句话来概括，即世界正处于深刻变化和向多极格局过渡的关键时期，各国面临复杂的国际环境和激烈的无序竞争。具体地说，有以下四个特点：

一是各国仍然深受国际经济金融危机的深层次影响，特别是发达国家无法摆脱财政赤字。

二是国际竞争态势加剧。各种保护主义持续升温，各国内需乏力，国际合作政治化，政局动荡，国家间经济政策分歧明显。

三是国际及地区安全遭受严峻挑战，霸权主义行径盛行，长臂管辖甚至"群殴"日益常态化，公平正义正在被践踏。传统与非传统安全威胁相互交织，不稳定、不确定因素增加，尤其是大国之间的关系面临着更大的考验。

四是发展中国家的崛起面临发达国家的遏制与围堵，发展阻力越来越大。构建公正合理的国际政治经济新秩序的责任越来越重大。

面临如此复杂多变的国际局势，白俄罗斯实施多元、务实的对外政策，灵活应对国际错综复杂的政治和外交斗争，顺势破局，打开了新的局面，尤其是在 2022 年 9 月，白俄罗斯向上合组织正式提交成为会员国的申请，中白关系提升为全天候全面战略伙伴关系。这两大举措无论是对白俄罗斯，还是对上合组织来说，都有重要意义。

对上合组织而言，白俄罗斯加入上合组织使上合组织的"朋友圈"扩大，在国际舞台上的力量更加强大。白俄罗斯既是俄罗斯的"铁杆儿"盟友，也是中国的"铁哥们"，白方的加入既是以美国为首的部分西方国家长臂管辖和制裁使然，也是历史的必然，更是白俄罗斯面对新形势作出的正确的战略抉择。白俄罗斯的加入扩大和激发了上合组织的市场容量和发展潜力，进一步提升了上合组织的吸引力、国际威望、影响力和参与全球治理的能力，上合组织在构建新型国际关系和共建人类命运共同体中将发挥更加重要的作用。总之，白俄罗斯的加入有利于上合组织的良性发展。

对白俄罗斯而言，政治上：白俄罗斯加入上合组织，能缓解来自美西方的战略压力，有利于其摆脱不利的国际处境，扩大战略回旋空间，还有利于改善其周边安全环境。

经济上：西方对白俄罗斯全面制裁主要体现在经济和金融领域。制裁阻断了白俄罗斯对欧盟和北美地区的出口，白俄罗斯对西方国家的出口目前几乎中断，白俄罗斯军事工业综合体有相当一部分产品也因从西方进口零部件受阻而无法生产。加入上合组织有利于白俄罗斯打破美西方的经济封锁，摆脱发展困局。上合组织还有助于白俄罗斯进一步打开进入亚太地区、非洲和中东的通道。在上合组织、"一带一路"和欧亚经济联盟的支持下，白俄罗斯将扩大进出口市场，经济也将可能迎来稳定增长。

2022 年是中国和白俄罗斯建交 30 周年。30 年间，中白两国以和平共处五项原则为基础，在"一带一路"倡议框架下，开展了多方面的合作。9 月 15 日，中白两国首脑一致决定将中白关系提升为全天候全面战略伙伴关系，是目前中国与其他国家最高级别的外交关系。白俄罗斯被中国网友称为"24 小时友谊在线"的"铁哥们"，又称为"白铁"。中白关系新定位必然进一步推动两国关系的进步，更好地提升民众福祉。同时，我们也感受到了白俄罗斯在涉华议题上的支持，中白友谊历久弥新，必将在未来焕发出更强大的生命力。

其实，早在 2021 年 8 月 26 日"中白地方合作年"启动仪式上，白俄罗斯外交部副部长尼古拉·鲍里谢维奇就已经向外界宣布了中白有意进一步提升两国关系。他说："中国在我们的外交政策中占有特殊地位，中国是白俄罗斯在亚洲地区的核心战略伙伴。双方原则上已经就提高政治合作水平达成一致意见，很快就会将现有双边关系提升到一个更高的水平——'铁哥们'关系、全面战略合作和全天候伙伴关系，并将在下一次元首会晤期间签署联合声明。"

在当前国际及地区局势下，中国与白俄罗斯建立全天候全面战略伙伴关系，给全球其他反霸权国家注入了一针"强心剂"。双方在经济、贸易、政治、科技、文化、军事等多个领域的合作将再上一个新台阶。未来，两国将继续深化"一带一路"合作，签订相关协议促进服务自由贸易并继续扩大双边贸易规模，共同研发人工智能、5G 技术等等。

俄乌冲突对白俄罗斯经济的影响

中国国际问题研究院欧亚所副所长、副研究员　韩璐

俄乌冲突对白俄罗斯经济的冲击很大。自 2022 年 2 月底冲突爆发以来，白俄罗斯经济呈全面下降趋势。根据白俄罗斯国家统计委员会数据，在俄乌冲突爆发前，1—2 月白俄罗斯经济发展虽不如人意，但仍保持正增长，国内生产总值增长达到 1.2%；冲突爆发后，从 3 月开始至今，国内生产总值呈现不断下滑趋势。综合来看，2022 年 1—8 月除了农业（增长 1.8%）、互联网业以外，白俄罗斯几乎所有经济指标都在下降，国内生产总值同比下降 4.9%、工业同比下降 6.6%、外贸同比下降 5.9%、固定资本投资同比下降 18.5%、居民可支配收入同比下降 3.4%，而通胀率高达 13.8%。

一、白俄罗斯经济发展不佳的主要原因

俄乌冲突爆发后，欧美在以往经济制裁的基础上加大了对白俄罗斯制裁，几乎涉及所有经济部门。此次制裁无疑是雪上加霜，不仅加剧了资金不足，而且引发的供应链中断也影响到白实

体经济。1—7月，白俄罗斯商品库存率达到65.5%，实体部门表现不佳；银行信贷收紧，固定资产投资急速下降，达到-18.5%。与此同时，在收入萎缩和通胀高企的背景下，白俄罗斯内需低迷，1—8月为-2%，无法刺激经济增长。因此，白俄罗斯经济发展不佳的主要原因在于西方的经济制裁，具体表现在三个方面。

（一）金融压力进一步加大

长期以来，白俄罗斯国内资本供给不足是影响其经济增速的主要障碍。俄乌冲突爆发后，白俄罗斯农工银行、投资银行、发展与复兴银行被禁止使用环球银行间金融通信协会（SWIFT）系统；欧洲投资者还被禁止与白国家银行合作，限制后者进入金融市场。这就意味着外来投资和贷款减少，让本已缺乏资金的白俄罗斯雪上加霜。世界银行也立即取消了所有涉及白俄罗斯医疗保健、教育和技术援助的项目。

（二）物流运输受到限制

白俄罗斯对欧洲的公路、铁路、空中货物运输都遭到限制，乌克兰方向的运输完全停止。白俄罗斯生产物流链实际上已被中断，货运周转量持续下降。1—8月货物运输下降24.7%，特别是钾肥运输萎缩严重。2022年以前，白俄罗斯每年约有1100万吨氯化钾通过立陶宛克莱佩达港出口，2022年2月1日立陶宛禁止白俄罗斯钾肥经其港口转运后，白俄罗斯只好通过俄罗斯和乌克兰转运，但俄乌冲突爆发后，从白俄罗斯到乌克兰港口的铁路运输也已中断。目前，白俄罗斯化肥出口统计数据系统已关闭。钾肥是白俄罗斯主要出口创汇产品，钾肥销售受阻，对白俄罗斯经济负面影响较大。

（三）对外出口遭受损失

西方制裁首先影响到对欧盟及乌克兰出口。欧盟、乌克兰曾是白俄罗斯的第二大、第三大贸易伙伴。2022 年上半年，白俄罗斯对欧盟出口 30 亿美元，而 2021 年同期是 45 亿美元（约是其1.5 倍）。对乌克兰出口缩水至 10 亿美元左右（2021 年同期约是其 1.6 倍）。同时，二级制裁也波及白俄罗斯与亚洲、独联体国家贸易。2022 年 1—8 月，白俄罗斯对独联体以外国家的出口同比下降 20.1%，对独联体国家出口下降 3.5%。此外，为了反制美西方的制裁，白俄罗斯还决定禁止从不友好国家进口一系列商品，包括技术和设备，这无疑也会影响到白俄罗斯的对外贸易额。

二、白俄罗斯应对措施

国际货币基金组织（IMF）预计白俄罗斯 2022 年国内生产总值将下降 6.4%，欧洲复兴开发银行（EBRD）预计将下降 4%。从中长期来看，白俄罗斯经济未必会崩溃，但会处于低迷的发展态势。据欧亚复兴开发银行（EDB）预测，2023 年白俄国内生产总值的降幅为 3%，2024 年将可能恢复增长，增幅达到 1.5%。

（一）出台更为有力的经济刺激政策

为了应对经济上的不利局面，白俄罗斯政府于 2022 年 3 月出台了《关于稳定经济运行的补充措施》和经济扶持计划。一是优化和削减国家及地方预算中的非优先支出项目，政府被赋予更广泛的权力配置预算。二是重点扶持出口领域。提高对出口企业贷款的额度，降低出口导向型企业进口货物的关税，简化海关手续。三是为中小企业、高科技园区企业提供额外支持，允许其员工享有延期服兵役的权利。四是将现金收入、养老金和福利津贴与通胀水平挂钩。企业能够从居民社会保障基金获得补贴，用于向员工支付额外费用和每月的社会津贴。五是央行采取了多项措施支持实体经济部门和确保金融稳定。包括将再融资年化利率提高至 12%，贷款年化利率提高至 12%，存款年化利率提高至 11% 等。同时，成立工作组加强金融市场监管。六是为稳定国内市场，于 3 月 21 日起禁止将饲料类谷物和部分工业产品运往欧亚经济联盟以外国家，禁令持续六个月，之后又延期半年。2022 年 10 月 7 日，总统卢卡申科签署总统令，禁止物价上涨。

（二）将贸易重心转向俄罗斯和中国

2022 年 3 月，白俄罗斯经济部部长切尔维亚科夫表示，白俄罗斯将调整本国贸易重心，从"不友好国家"转向俄罗斯和中国。为此，白俄罗斯政府努力开发新的物流链，增加运输配额。这些措施取得了成效，截至目前，白俄罗斯通往俄罗斯港口的运输量增加了 1.5 倍，到中国的铁路集装箱运输量增加了 2 倍，白俄罗斯对欧盟和乌克兰的出口在 6 个月内减少了 25 亿美元，但几乎 80% 被对俄、中出口增长所抵消。2022 年上半年中白贸易额达到 26 亿美元，同比增长 10.6%。中国已成为白俄罗斯的第二大贸易伙伴。

（三）与俄罗斯经济更加深度绑定

虽然这个措施将导致白俄罗斯遭受西方对俄罗斯经济制裁的连带效应，但只要俄罗斯经济依然坚挺，白俄罗斯经济的基本盘就能稳定。俄乌冲突爆发以来，两国携手共抗经济压力。一是两国贸易持续增长。2022 年 1—7 月达 220 亿美元，预计全年将超 500 亿美元，创历史新高。得益于与俄罗斯的紧密联系，白俄罗斯国内油价、气价、电价低廉，有利于降低企业生产成本。二是俄罗斯为白俄罗斯企业引入"超级优惠制度"。如两国石油贸易用卢布结算，且价格更优，两国电力贸易也将使用卢布结算。俄罗斯同时承诺取消所有白俄罗斯商品入俄限制。三是两国成立进口替代工作组，启动联合生产以实现进口替代，实施项目达 20 个，主要涉及汽车制造、农机制造、冶金、轻工业、微电子、机床制造、制药等领域。此外，白俄罗斯已从俄罗斯获得 15 亿美元贷款，用于实施进口替代计划。

　　白俄罗斯经济长期游离于西方经济体系之外，已形成一套抵制西方制裁的方法。白俄罗斯总理戈洛夫琴科于 2022 年 10 月 7 日表示，西方对白俄罗斯严重制裁的潜力已经耗尽。如果不再有包括新制裁在内的干扰因素，白俄罗斯经济下行趋势将会减弱。

俄乌冲突对白俄罗斯外部环境的影响

中国现代国际关系研究院欧亚研究所副研究员　叶天乐

一、白俄罗斯在俄乌冲突前的外部环境

白俄罗斯自独立后，一直奉行平衡与多元的外交政策，白俄罗斯希望利用自身特殊的地理位置，发挥特殊的地区作用。然而，冷战后的地缘政治现实却是复杂且困难的。邻居无法选择，白俄罗斯位于俄罗斯与欧洲之间，拥有独特的地缘政治环境，也注定了需要时时刻刻维护自身的国家利益。

1994 年卢卡申科就任总统后，白俄罗斯的发展进入了快车道，经济、社会稳定发展，形成了"白俄罗斯模式"。然而，西方一直不认可这种治理模式，几乎每次总统大选，部分美西方国家都试图策动"颜色革命"，在大选之后加强对白俄罗斯的制裁。多年来，白俄罗斯始终处于平衡的外交思想指导下，虽然过程有一些波折，但大的战略方向没有改变。

2014 年乌克兰危机之后，西方和俄罗斯关系迅速恶化，白俄罗斯的外交战略也有所调整。2014 年 2 月乌克兰危机爆发至 2020 年 8 月白俄罗斯总统选举的六年间，白俄罗斯的外部环境较为缓

和。白俄罗斯政府积极与西方改善关系，双方关系逐步正常化。白俄罗斯和美国积极接触，放宽了外交官的限制人数，重新互派大使。白俄罗斯和欧盟在"东部伙伴关系计划"中也互动频繁，甚至就免签政策、卢卡申科访问欧洲国家等问题进行了谈判。白俄罗斯和世界银行、国际货币基金组织等组织接触，获得了一定的经济援助与政策指导。克里米亚危机和乌东战争爆发后，白俄罗斯积极推进明斯克三方联络小组谈判，促成了两次明斯克协议的签署。在2020年选举之前，白俄罗斯还同其他国家开展合作，不仅和西方，还和拉美、中东、非洲等许多国家接触。白俄罗斯和欧亚各国也同样保持积极互动，和格鲁吉亚、乌克兰、摩尔多瓦均保持了相对良好的关系。从外交层面看，当时的白俄罗斯正在践行多元平衡外交。

然而，西方对欧亚地区的战略挤压与扩张的战略目标始终没有改变。2020年大选之后，西方对白俄罗斯横加指责，加强制裁，要求卢卡申科总统下台，重新选举。在此背景下，白俄罗斯与俄罗斯的关系更加紧密，双方就一体化路线图基本达成一致，在军事安全领域加强了合作。2022年爆发的俄乌冲突，使得白俄罗斯外部环境变得更加复杂严峻。与俄罗斯加强合作，共同维护国家安全，成为白俄罗斯当前最现实也是最迫切的战略需求。2022年10月，俄白就共同部署联盟国家军队达成了一致，这是双方一体化中一个重要的标志性事件。[1]

二、白俄罗斯在俄乌冲突中表现克制

2021 年下半年至 2022 年年初, 西方不断渲染俄乌之间将爆发冲突, 俄罗斯与北约就东扩等问题无法达成一致。在这种情况下, 俄白在 2022 年 2 月 10 日举行联合军演, 显示出双方对于地区形势的警惕和准备。[2] 冲突爆发后, 在地区形势十分紧张的情况下, 白俄罗斯还是于 2 月 27 日完成了修宪公投。[3] 这一方面回应了民众对于国家政治改革的迫切需求, 另一方面也向国际社会表明, 白俄罗斯会遵循自己的发展选择, 而不是像某些国家一样, 盲目地追随西方。然而, 面临周边恶化的外部环境, 白俄罗斯的困难也是十分现实和急迫的。

冲突开始后, 出于白俄罗斯对俄罗斯所持的立场, 美国及西方国家对白俄罗斯军工企业、银行和安全官员实施了制裁。世界银行缩减在白俄罗斯的项目, 停止推行新计划。欧盟也施加了新的制裁, 尤其针对可能有助于加强白俄罗斯军事技术或发展国防部门的产品和技术。欧盟禁止从白俄罗斯购买木制品、水泥和橡

〔1〕《卢卡申科:与俄就部署联盟国家地区部队达成共识》, https://world. huanqiu. com/article/4A04uGUtcC5。

〔2〕《俄国防部:俄罗斯和白俄罗斯开始"联盟决心"联合演习》, https://sputniknews. cn/20220210/1038877898. html? modal=feedback。

〔3〕《白俄罗斯举行修宪全民公投》, https://baijiahao. baidu. com/s? id=172590 3838870011944&wfr=spider&for=pc。

胶制品、钢铁制品等。立陶宛禁止白俄罗斯钾肥经其港口转运。波兰、拉脱维亚和立陶宛停止从欧洲向白俄罗斯运送货物。白俄罗斯一些重型卡车无法通过边境。这些都使白俄罗斯企业出口遭受较大打击，白俄罗斯公民在国外的就业也受到了影响。

俄乌冲突也拓展了白俄罗斯反对派的活动空间，使其能够获得更多资源反对政府。白俄罗斯反对派还大肆炒作一些国内社会事件，试图增加政府压力，向国际社会传递负面信息。面对这些现实困难，白俄罗斯领导层和民众保持了坚定的信心和意志，并未因为反对派的活动影响国内正常社会秩序。

三、白俄罗斯在俄乌冲突中的努力

俄乌冲突一开始，白方即认识到俄乌冲突的本质是西方挑起的地缘政治冲突，战争对于各方都是不利的。对于白俄罗斯而言，两个"兄弟国家"发生了冲突，自身面临的国际形势也骤然复杂，外部压力陡增。面对如此复杂的局势，白俄罗斯积极地为和平和冲突降级作出了自己的努力。冲突初期，白俄罗斯从中调停，促成了俄乌首次接触和谈判。[1] 调解俄乌冲突，提供谈判平台，这是白俄罗斯多年以来积极发挥地区协调作用的延续。

同时，白俄罗斯还积极加强与欧亚各国的合作与沟通。白俄罗斯派出代表团前往乌兹别克斯坦，参加工业展会，举行商业论

---

〔1〕《俄乌谈判正式开始》，https://world. huanqiu. com/article/470Eq9LzP2h。

坛。双方对机械、农业和轻工业领域的合作十分感兴趣。2022 年
9 月中旬，卢卡申科总统参加了上合组织撒马尔罕峰会，在峰会
上启动了白俄罗斯加入上合组织的程序。[1] 接着卢卡申科总统
访问了塔吉克斯坦，讨论合作问题。[2] 随后，卢卡申科总统前
往阿斯塔纳参加亚信峰会。

尤其值得我们关注的是，中国与白俄罗斯在撒马尔罕峰会上
提升了两国合作关系的水平。中白决定将全面战略伙伴关系提升
为全天候全面战略伙伴关系。[3] 在全面发展关系的基础上又加
上"全天候"，这意味着不论世界如何风云变幻，中白友谊都稳
固不变。

未来，西方对白俄罗斯的压力还将持续增加。俄乌冲突短期内
难以结束，西方与俄罗斯关系也不会短期内缓和，而作为俄罗斯盟
友，白俄罗斯处在西方的这种渗透和遏制范围之内。西方将持续对
白俄罗斯施压，白俄罗斯当前面临的相对严峻和复杂的外部环境将
成为常态。

---

〔1〕 "Лукашенко прибыл в Самарканд на саммит ШОС. Что это за организация
и зачем Беларусь хочет стать ее членом?", https://www. belta. by/president/view/
lukashenko−pribyl−v−samarkand−na−sammit−shos−chto−eto−za−organizatsija−i−zachem−
belarus−hochet−stat−ee−523816−2022/.

〔2〕 "Завершился официальный визит Лукашенко в Таджикистан. Президент
вылетел в Астану", https://www. belta. by/president/view/zavershilsja−ofitsialnyj−vizit−
lukashenko−v−tadzhikistan−prezident−vyletel−v−astanu−528786−2022/.

〔3〕《中华人民共和国和白俄罗斯共和国关于建立全天候全面战略伙伴关系的联
合声明》, https://baijiahao. baidu. com/s? id = 1744085714174657770&wfr = spider&for =
pc。

"一带一路"和欧亚经济联盟对接背景下的中白合作

上海社会科学院国际问题研究所助理研究员　张严峻

白俄罗斯位于欧亚运输走廊的十字路口，是欧亚经济联盟的创始国之一，也是最早支持"一带一路"倡议的国家之一，是在欧亚地区落实"一带一路"倡议的重要支点。这一地缘位置赋予白俄罗斯在"一带一路"与欧亚经济联盟对接进程中不可或缺的重要地位。2022年俄乌冲突使白俄罗斯的局势变化更加复杂，如何应对中白合作中出现的挑战，将是中俄"一带一盟"得以顺利对接的重点。

一、白俄罗斯在中俄"一带一盟"对接中的定位与作用

白俄罗斯与"一带一盟"两大主导国——中国和俄罗斯均保持着密切的政治、经济和外交联系，这是白俄罗斯在相关机制中达成战略协作共识的基础。白俄罗斯参与"一带一盟"对接合作有其现实考量。

欧亚经济联盟是在俄白哈三国"关税同盟"的基础上成立、由俄罗斯主导的区域经济平台。2020 年俄白一体化取得实质性突破，俄白享有共同利益与共同价值观，对外政策基本一致。白俄罗斯作为俄罗斯西部的战略纵深和安全缓冲区，同时是俄罗斯向欧洲运输能源及货物的必经通道，也是俄罗斯主导的区域经济模式的重要支持者。

自"一带一路"倡议提出以来，白俄罗斯积极响应，并将本国发展战略与"一带一路"倡议成功对接，这是白俄罗斯外交政策和经济政策多元化的具体体现。白俄罗斯搭上"一带一路"倡议高速发展的列车，对带动本国经济内生外引、提升经济实力和国际竞争力具有重要的战略意义。2014 年中白工业园作为"一带一路"重点项目正式启动后，双方始终致力于"将中白工业园项目打造成丝绸之路经济带上的明珠和双方互利合作的典范"[1]。

2015 年 5 月，中俄签署联合声明，宣布开启丝绸之路经济带建设和欧亚经济联盟建设对接合作。近年来，"一带一路"和欧亚经济联盟在白俄罗斯的对接合作秉承资源共享、优势互补、互利共赢的原则，在跨境运输、金融投资等领域开辟了巨大的发展空间，取得了一系列成果。第一，基础设施互通。近年来，过境白俄罗斯的中欧班列运输量持续大幅增加。据统计，2014 年白俄

---

〔1〕 曲颂:《打造比绸之路经济带上的明珠(一带一路·合作共赢)》,载《人民日报》,2017 年 5 月 12 日,第 3 版。

罗斯仅有 3.8 万个集装箱过境，2021 年跃升到 93 万个。第二，贸易往来畅通。2019 年，世界自由贸易区和特别经济区联合会（FEMOZA）宣布中白工业园为"世界上增速最快的经济特区"。第三，资金融通。"一带一盟"对接促进扩大了贸易范围，在中白工业园建设过程中，白俄罗斯引进了中国金融系统，在园区实现了人民币离岸结算，效果显著。

二、"一带一盟"对接下中白合作面临的挑战

在全球市场重新分配、现有国际关系体系面临调整的背景下，中白关系发展打开了新的机遇窗口。但我们也需看到，白俄罗斯政治危机的后续影响仍然存在，特别是随着俄乌冲突局势的不稳定走向，白俄罗斯所在地区的地缘政治风险将持续加剧。这给"一带一路"与欧亚经济联盟对接下的中白合作带来严峻的挑战。

（一）白俄罗斯国内外局势仍有不确定性

第一，政治危机的后续影响仍然存在。白俄罗斯政治体制转型是长期过程，2022 年 2 月宪法公投仅是政治风波后迈出的第一步。在新版宪法所规定的总统任期临近时，白俄罗斯会否再度出现内部政局波动，值得关注。第二，白俄罗斯外部地缘政治风险有可能继续抬升。2022 年 2 月俄乌冲突后，西方以白俄罗斯"支持俄罗斯对乌克兰的军事行动"为由对其采取进一步制裁措施，

加上疫情后白俄罗斯经济复苏放缓，这些因素不但会加剧白俄罗斯国内政治风险，还将对白俄罗斯的长期战略规划产生负面影响。

（二）西方制裁阻碍白俄罗斯经济复苏

受国内政治危机及俄乌冲突影响，白俄罗斯经济结构的弊端显现。据世界银行预测，2022 年白俄罗斯国内生产总值将萎缩 6.5%，出口下降 14.2%，进口下降 18.6%。由于俄白经贸往来密切，西方对俄罗斯经济制裁的负面冲击向白俄罗斯传导，对白俄罗斯经济造成进一步打击。基于白俄罗斯在俄乌冲突中的立场，欧盟对白俄罗斯产品实施进一步出口限制。

（三）"一带一盟"在白对接遭遇一定阻力

第一，产品出口受限。白俄罗斯与美欧关系恶化，西方加大对白俄罗斯制裁力度，尤其对其出口加强限制，导致中白工业园的合作产品无法顺利流入欧盟市场，对中国以欧盟市场为导向的项目产生负面影响。第二，过境物流运输受阻。多家国际物流企业宣布抵制经白俄罗斯的货物，目前仅有一条通往里海的线路可绕过制裁，但该线路并不成熟，运输周期长且价格较高。物流不畅导致中欧班列对国内客户吸引力有所下降。第三，中白双边贸易不对称性加剧。中国与白俄罗斯相比拥有巨大的经济优势。白俄罗斯国内市场有限，一定程度上制约了两国经贸合作规模及中白工业园销售市场的拓展。

（四）俄白对发展区域伙伴关系仍有不同考量

第一，俄罗斯将包括欧亚经济联盟在内的区域伙伴关系视为地缘政治产物，俄罗斯在经营这些伙伴关系时，既有应对西方压力的短期考虑，更有以此为平台构建国际和地区新秩序的战略考量。而白俄罗斯更看重区域合作机制带来的经济效益，希望通过经济一体化来获取实际利益。第二，俄白落实联盟国家一体化以及在俄乌冲突中表现出的团结，是在两国面临的外部环境急剧恶化以及西方阵营合力围堵下实现的。短期内，俄白联盟的发展水平将主要取决于双方对于联盟能否满足自身诉求以及如何应对共同挑战的判断。

三、"一带一盟"对接下中白合作的前景

短期来看，我们需妥善应对白俄罗斯局势变化带来的消极影响，积极探索符合中白现实需求的新型合作模式，尽快将西方制裁对"一带一路"西进线路的不利影响降到最低。长期来看，在"一带一路"与欧亚经济联盟继续加强实现利益、规则和项目的广泛对接背景下，中白合作需就双方在利益交叉点上的对接合作进行磋商，利用"一带一盟"的开放性和包容性，通过利益共享、交换和补偿等方式，高度重视并妥善处理合作中出现的问题。

（一）妥善应对白俄罗斯局势带来的消极影响

在新冠肺炎疫情及西方制裁下，白俄罗斯几乎不可避免地会受到大国博弈的负面影响。当前，制裁俄罗斯、白俄罗斯已成为西方社会的"政治正确"，美西方裹挟全球舆论，正"强迫"有国际影响力的企业"选边站"。对于同西方市场和供应链联系密切的中国企业，尤其要了解、理解国家立场，从国家利益出发来应对危机。

（二）加强与白俄罗斯官方的沟通与合作

第一，及时把握白俄罗斯政情和官方政策变化。中企应遵守白俄罗斯当地法律法规，一旦发生合同纠纷，应运用白俄罗斯法律维护合法权益。第二，重视中国在白俄罗斯重大工程的安全运行以及中国在白俄罗斯利益保护的议题，通过加强两国警务部门之间的合作，有效维护中国企业、社会组织和公民的合法权益。

（三）"一带一盟"在白对接需坚持理性思维

"一带一盟"在白俄罗斯的对接合作应基于理性的认识，同时中白合作要把握尺度，考虑俄罗斯的因素，避免中白在"一带一盟"框架下的对接合作对白俄罗斯参与俄罗斯主导的区域合作机制形成制约。

（四）探索"一带一盟"对接下中白合作的新路径

第一，拓展中白合作的机制和平台。未来可充分利用上合组织等平台建立中白合作的对话协调机制，以妥善应对合作中遇到的争议问题。例如 2022 年 8 月上合组织地方经贸合作示范区、中白工业园联合成立白俄罗斯商务咨询服务中心，旨在协助上合组织示范区内外企业及时获取白俄罗斯相关投资合作政策和项目信息，为有意赴白俄罗斯开展投资及贸易合作的企业提供信息服务和帮助。第二，调整中白合作的重点领域。近年来，欧亚区域合作的平台逐步聚焦公共卫生、绿色发展、人工智能等非传统安全领域的议题，同时反恐安全合作等传统议题仍受重视。在"一带一盟"对接框架下，中白与其他欧亚国家应更加致力于联合打击三股势力，共同应对地区可能出现的安全威胁和动荡格局。

关于甘肃省企业面向
白俄罗斯"走出去"的对策建议

甘肃省白俄罗斯研究院副院长，兰州财经大学副教授　杨迎军

2020 年甘肃省工信厅印发《关于开展全省重点工业企业"走出去"发展情况调查摸底的通知》和《关于征集参与"一带一路"建设工业项目的通知》，深入调查了企业海外拓展计划和存在问题，并建立了协商会议制度与重点企业建立信息联系机制。

2022 年 3 月 29 日，甘肃省召开推进"一带一路"建设工作领导小组会议，省委书记、省推进"一带一路"建设工作领导小组组长尹弘强调，要深入贯彻习近平总书记在第三次"一带一路"建设座谈会上的重要讲话精神以及对甘肃用好"一带一路"建设最大机遇的重要指示，依托独特优势，找准发力点和发展路径，突出重点区域和重点项目，持续培育壮大外贸产业，深化人文交流合作，画好"一带一路"建设的甘肃"工笔画"。甘肃省有 84 家境内投资主体企业在境外设立非金融类企业 137 家，分布在全球 49 个国家和地区，对外直接投资累计 60 多亿美元，"走出去"工作呈现出良好发展态势。

中白两国不断从友好合作关系、全面战略伙伴关系，演变为相互信任、合作共赢的全面战略伙伴关系，并历史性地升级为全天候全面战略伙伴关系。"白俄罗斯是丝绸之路上最强大的纽带"[1]，从中国到欧洲的火车有90%要途经白俄罗斯。过去三年里，经过白俄罗斯的中欧之间的班列增长了十倍。从地理区位来看，白俄罗斯既是欧洲中心，又位于丝绸之路经济带的枢纽区域，具有辐射面广、带动力强的地缘优势，从中国到欧洲的集装箱铁路物流路线中，70%以上的路线要过境白俄罗斯。白俄罗斯营商环境不断改善，在世界银行发布的《2019年营商环境报告：强化培训 促进改革》中，白俄罗斯在全球190个经济体中排名第37位。

白俄罗斯驻华大使尤里·先科曾指出，甘肃省一定会成为白中之间合作的龙头和典范。深化与白俄罗斯的经贸合作，把握"一带一路"建设，以及数字经济、绿色经济等领域国际合作需求旺盛的新机遇，"于危机中育新机、于变局中开新局"成为甘肃省企业2022年"走出去"开拓国际市场的路径之一。

一、甘肃省企业面向白俄罗斯"走出去"的挑战与机遇

白俄罗斯是"一带一路"沿线的重要国家，又是俄乌两国的

---

[1]《卢卡申科：白俄罗斯是丝绸之路上最强大的纽带》，白通社明斯克2019年4月19日电。

重要邻国，在"一带一路"倡议推进中具有四大明显优势：独特地缘优势、政治稳定优势、经济合作优势和民众基础优势，发挥着重要的战略支点作用、沟通桥梁作用和外交示范作用。甘肃省企业面向白俄罗斯"走出去"，须妥善应对俄乌冲突对经济方面造成的影响，并充分利用"中白地方合作年"的发展机遇。

利用"中白地方合作年"的发展机遇"走出去"。2022 年 1 月 20 日，中国和白俄罗斯迎来了双边合作历史上一个重要的日子——建立外交关系 30 周年。白俄罗斯驻华大使尤里·先科专门向甘肃发来视频，介绍"中白地方合作年"背景情况，希望 2022 年甘肃不断增强双方在经济和人文领域的交流合作，为"中白地方合作年"作出贡献。4 月 26 日，甘肃省与格罗德诺州以视频方式同庆两省州结好 15 周年，就深化推动双方在经贸、投资、文旅、教育、医疗、媒体及友城等领域合作深入交换意见，并签署了甘肃省与格罗德诺州 2022—2023 年合作计划。甘肃省委副书记、省长任振鹤，格罗德诺州执委会主席卡拉尼克，白俄罗斯总统助理、白俄罗斯政府派驻格罗德诺州特派员卡拉耶夫，白俄罗斯驻华大使尤里·先科等出席。任振鹤指出，甘肃省与格罗德诺州同处丝绸之路经济带，区位优势明显、资源互补性强、合作基础良好、合作前景广阔。希望双方深化项目合作，围绕农业、中医药、物流、基础设施等重点领域，通力协作、加强对接，促进合作项目取得实效；希望双方拓展人文合作，进一步加强在教育、文化、旅游、科技、体育、医疗等领域的合作，努力实现人文相亲、互利互惠、共赢发展。甘肃省企业可以在"中白地方合作年"框架下选择一些重点领域"走出去"。

二、甘肃省企业面向白俄罗斯"走出去"的路径选择

白俄罗斯拥有丰富的自然资源和一定的科技优势。机械制造业、冶金加工业、机床、化工、电子、激光技术、加工业具有一定优势。甘肃省可以充分利用白俄罗斯这些独特的资源、行业优势，引导基础较好的外向型企业依托中白工业园区、甘白友好市州合作平台、白俄罗斯自由经济区优惠政策，以及兰州海关监管平台"走出去"。

第一，依托中白工业园推动科技型企业"走出去"。中白工业园是中国海外产业园区中的"巨无霸"和"一带一路"标志性项目。2019年2月，中白工业园被批准为白俄罗斯境内首个区域经济特区，主要发展电子信息、精细化工、新材料等重点行业。入驻企业自产生总利润的首年开始，十年内免缴所得税，十年后至2062年6月前免除50%的所得税和全部不动产税、土地税。面对中白工业园带来的重大机遇，甘肃省重点在两个方向同时发力。一是开展制造业"一带一路"拓展平台培育提升工作。在全省范围遴选基础条件较好的科技型企业作为培育对象，根据中白工业园区重点行业的需求制定三年计划，推动大中企业"走出去"。重点培育、支持电子信息领域的华天电子集团、精细化工领域的白银中天化工、新材料领域的金川公司等"专精特新"中

型企业落户工业园区。二是利用外经贸发展专项资金，开展"一企一策"贴身服务。推动成立企业服务联盟，聚集服务资源，针对一些对白投资重点企业开展"点对点"精准服务工作，强化大项目对接沟通，及时了解项目落地过程中的制约因素，为入驻中白工业园区的企业提供管理咨询、信用服务、投资融资、技术支持、人员培训、对外合作、法律咨询等一站式服务。

第二，依托友好市州合作平台推动中医药企业"走出去"。2007年，甘肃省和白俄罗斯格罗德诺州建立结对关系，在文化领域签订长期合作协议。2017年，甘肃省在白俄罗斯格罗德诺建成首家独立的中医中心，为当地人提供针灸推拿、拔罐等传统中医疗法。2019年5月，中医药被纳入《国际疾病分类》第十一次修订本（ICD-11）的传统医学章节，甘肃省中医药企业迎来了"走出去"的新契机。一是充分利用中白两国对中医药的支持政策。我国中医药领域合作的相关政策文件，如《中华人民共和国中医药法》《中医药"一带一路"发展规划》《健康中国2030规划纲要》为甘肃省中医药企业面向白俄罗斯"走出去"提供了支持。同时，白俄罗斯方面加强了中医药领域的立法，出台了一些支持中医药企业发展的优惠政策和服务措施，使甘肃省中医药企业在白俄罗斯的发展更为稳健。二是支持一些中医药"专精特新"中小企业面向白俄罗斯格罗德诺州"走出去"。支持定西、陇南精制饮片、超微饮片、工业饮片、鲜制饮片等新型高品质中药饮片加工中小企业，以及陇西一方中药配方颗粒生产线、甘肃佛慈红日药业渭源中药配方颗粒生产基地、四川新绿色药业兰州高新技术开发区中药配方颗粒产业园中的中药精深加工中小企业在白俄罗斯格罗德诺州布局投资。

第三，依托自由经济区优惠政策推动文旅企业"走出去"。白俄罗斯自由经济区制定了比一般地区更优惠的开展商业活动的特殊法律制度。为改善投资环境和吸引具有战略意义的投资商，自由经济区实行税收优惠和海关特殊监管。白俄罗斯素有"万湖之国"美誉，拥有丰富的动植物资源以及特色鲜明的东斯拉夫文明和苏联文化。而甘肃省"交响丝路·如意甘肃"旅游品牌知名度和影响力进一步提升，"交响丝路+"特色文旅得到充分发展。甘白文旅资源优势互补，双方合作拥有广阔的合作空间。一是利用政策支持推动文旅企业"走出去"。甘肃省应积极对接白俄罗斯各经济自由区，充分利用我国文化和旅游部"一带一路"文化和旅游交流合作品牌提升计划、丝路艺术精品创作行动、文化产业和旅游产业促进行动、科技成果推广计划等系列行动的政策支持，推动旅游企业面向白俄罗斯"走出去"。二是成立文旅产业联盟。推动以甘肃省文旅集团为核心，以产权为纽带，通过文旅产品、经营管理技术、经济合作契约等多种方式，将甘肃省文旅企业联结起来，成立文旅产业联盟，建设文化和旅游数字内容平台和跨境电子商务平台，与白俄罗斯文旅企业进行跨国合作。三是成立产业合作区。在甘肃省设立甘白文旅产业合作区，促进甘白文旅产业链条的形成和对接，更好地聚集起创作、采购、制作、营销等生产环节，形成一批具有代表性的产业集群，大幅度提高甘肃文旅产业的竞争力。

第四，依托兰州海关推动外繁制种企业"走出去"。河西走廊地区是全国最大的蔬菜、花卉外繁制种基地，外繁制种面积达 7 万多亩，在兰州海关注册的外繁制种企业有 65 家，品种涵盖蔬菜、瓜类、花卉、油料、玉米等五大类。近三年来，每年经兰州海关检疫合格通关放行的进出口种子货值均超过 1.5 亿美元，位居全国第一。兰州海关应"点对点"面向白俄罗斯，不断探索创新，从进口原种，到种子苗期、生长期监管，再到出口种子，建立起全链条检疫监管体系，严防外来有害生物包括昆虫、线虫、病菌和病毒，风险传入；优化进出口检测模式，加快企业出口产品检测的响应速度，提升检测效率；探索推广"集中检验、分批出口"模式，降低海关现场检验频次和重复取样次数，提高通关效率。

三、甘肃省企业面向白俄罗斯"走出去"的风险与应对

甘肃省为应对面向白俄罗斯"走出去"企业可能缺乏开拓国际市场的经验和实力、前期调研不充分、风险评估不到位等情况，通过建立智库、搭建企业联盟等方式，构建"走出去"企业风险防控机制，助力企业组团出海，最大限度减少在生产和经营过程中可能面临的政治、经济、法律等风险。

第一，应对地缘政治风险。俄罗斯与乌克兰关系恶化，"一

带一路"沿线地缘政治形势复杂，地区合作机制内部存在各种各样的利益诉求和矛盾竞争，白俄罗斯受到内外多种因素的干扰和影响，企业"走出去"面临"落地难"和"对接难"的现实挑战。要引导"走出去"企业持续关注俄罗斯与美欧关系的变化发展，及其对白俄罗斯可能造成的影响，以便早做应对。

第二，应对营商环境风险。白俄罗斯的金融体系能提供的金融衍生类产品和服务较少；中白两国所处的发展阶段不同，存在经济体制差异和观念差异，这导致双方合作中对接容易错位；白俄罗斯部分政府官员对企业的服务意识较弱，也会给企业投资经营活动带来不便。要引导"走出去"企业充分调研白俄罗斯的营商环境，聘请当地技术负责人、财务人员，提高办事效率，降低项目管理成本。

第三，应对法律法规风险。白俄罗斯希望产品在生产过程中采用更高水平绿色技术和更加严苛的环保标准，为此，甘肃省应积极倡导"走出去"企业遵循绿色经营模式，了解白俄罗斯经营和环境保护法律规定，减少环保风险。引导企业在白俄罗斯投资还应当特别关注中国与白俄罗斯两国的税收协定，理解中白税收协定的相关规则，在此基础上实施更为有效的税务筹划和商业安排。对于大型项目，应鼓励企业聘请中白双方的专业法律机构，为项目提供全程法律服务，规避可能出现的法律风险。

中白相互认知中的对方形象：
意涵变迁及在新时代理想塑造的意义与路径

华东师范大学白俄罗斯研究中心主任、副教授　贝文力

2022 年 9 月 15 日，中国和白俄罗斯发表关于建立全天候全面战略伙伴关系的联合声明。这是继友好合作关系，全面战略伙伴关系，相互信任、合作共赢的全面战略伙伴关系之后，中白关系实现的又一次跨越式提升，充分体现两国关系"没有最好，只有更好"的显著特点。

如果把中白关系比喻成一座巍峨大厦的话，双方对对方的认知是大厦最重要的基石之一，而国家形象是这一认知的主干内容。

国家形象是一种主观见之于客观的活动，它直观体现了一国主流民众对他国的融汇了自身情感的整体性知觉和评价，在此种意义上，国家形象可以理解为"共识"；同时，国家形象并不是静态的主客体关系的结果和单纯对现实的复制式描述，而是主体间进而是形象间交往互动的产物……在这种意义上国家形象可以

理解为"共识的程度"。[1]

这种知觉和评价，对于国家间的关系及其发展，具有重要的、在一定意义上甚至是决定性的影响。

数百年来，在中白两国民众的认知和世界观中，对方的形象始终占有独特和重要的地位。而形象的构成、演变与时代的变化发展、国家关系的远近起伏，尤其是两国相互定位的变迁有着密切的联系。

一、中白关系源远流长

中白两国相距遥远，但两国人民之间的交往与友谊却源远流长。

早在 16 世纪—17 世纪，中国就有关于白俄罗斯的记载。1615 年，从俄罗斯托木斯克出发探寻通往中国贸易路线的考察团中，有两名白俄罗斯人：伊万·特库季耶夫和格里戈里·利特文。19 世纪 30 年代，白俄罗斯杰出的东方学家奥西普·米哈伊洛维奇·科瓦列夫斯基（1800—1878 年）来到中国，学习语言，了解中国人的文化风俗，搜集了大量图书、绘画、服饰、宗教用品等。科瓦列夫斯基中国之行的成果集中体现在他后来出版的专著《佛教宇宙观》中。原籍白俄罗斯的约瑟夫·安东诺维奇·戈

---

〔1〕 张昆、张铁云：《"共识"与"共识的程度"：国家形象认知的别种维度》，载《中国传媒大学学报》，2019 年第 6 期，第 68—72 页。

什克维奇（1814—1875 年）跟随俄罗斯东正教使团在北京生活工作了十年，撰写了一系列介绍研究中国自然、生物等方面的文章。

中国民主革命伟大的先行者孙中山先生与白俄罗斯革命家、学者尼古拉·康斯坦京诺维奇·苏济洛夫斯基（1850—1930年)[1]的交往是中白友谊史册中的重要篇章。1905 年，孙中山与苏济洛夫斯基结识，两位革命家通信、会谈，讨论在中国和俄罗斯进行的革命的崇高目标和发展前景。得知孙中山领导成功推翻清朝、建立共和，苏济洛夫斯基非常高兴，在给孙中山的信中写道："我们所有人都深刻而真诚地关心着共和国的成功，但我不得不提醒您几句话：亚洲所有国家的未来取决于您的成功，如何避免反动势力卷土重来也是所有人忧心的问题。"[2]

据历史档案记载，1925 年，有 71 名中国人生活在白俄罗斯的维捷布斯克市，他们中的不少人曾在苏联参加过铁路建设。他们都参与了维捷布斯克市的建设和商业发展活动。1925 年夏季，布尔什维克党员、维捷布斯克市公共事业部中国工人队队员张万福建议，在中国公民中开设扫盲学校，为他们参加蓬勃发展的中国革命作准备。维捷布斯克市执委会满足了中国工人们的这一要

---

[1] 尼·康·苏济洛夫斯基另用名尼古拉斯·鲁赛尔。孙中山先生有《致鲁赛尔函》，苏济洛夫斯基因此更多以鲁赛尔的名字为中国人所了解。

[2] 瓦列里·米哈伊洛维奇·马采利：《中国－白俄罗斯：在历史的洪流中》，载王宪举主编，乔立良、李宪华、郭力译：《我们和你们：中国和白俄罗斯的故事》，北京：五洲传播出版社，2018 年版，第 33 页。

求。当时，共有 39 名中国人参加了扫盲学校的学习。[1]

20 世纪 30 年代，中国诗人萧三赴白俄罗斯，出席在明斯克举行的国际革命作家大会。

在世界反法西斯战争中，中白两国人民相互支持、相互帮助，用鲜血凝结成牢不可破的兄弟情谊。在回忆这段历史时，习近平主席指出："在那场正义战胜邪恶、光明战胜黑暗的世界大战中，中国人民抗日战争爆发最早、历时最长，白俄罗斯人民则打响了卫国战争中抗击德国法西斯侵略的第一枪。中白两国人民同仇敌忾、并肩作战，为世界反法西斯战争的最后胜利付出了巨大牺牲，作出了彪炳史册的伟大贡献。在明斯克的纳粹集中营里，新中国开国元勋朱德元帅的女儿朱敏曾同白俄罗斯小伙伴共抗德国法西斯，唐铎将军曾驾机参加解放明斯克的战役。苏联红军中白俄罗斯籍将士曾远赴中国参加打击日本侵略者的空战和解放中国东北的重要战役，'苏联英雄'布拉戈维申斯基空军中将、尼古拉延科空军中将、兹达诺维奇少将等就是他们中的杰出代表。"[2]在因参加解放远东和中国东北战役而获"苏联英雄"称号的 87 名将士中，有 5 位来自白俄罗斯。

1949 年 10 月 1 日，中华人民共和国成立。白俄罗斯全力支

〔1〕 瓦列里·米哈伊洛维奇·马采利：《中国-白俄罗斯：在历史的洪流中》，载王宪举主编，乔立良、李宪华、郭力译：《我们和你们：中国和白俄罗斯的故事》，北京：五洲传播出版社，2018 年版，第 34 页。

〔2〕《习近平在白俄罗斯媒体发表署名文章》，新华社北京 2015 年 5 月 8 日电。

持中国政府提出的恢复中国在联合国合法席位的要求。从新中国成立前夕到 1960 年，苏联派遣专家赴华 18 000 人次，[1] 其中也包括白俄罗斯专家，他们到中国传授工业、农业、能源、矿业、交通、教育、科技等各方面技术。中国的工程技术人员、大学生也到明斯克机床、汽车、拖拉机工厂和其他企业实习，提高专业技术水平。1957 年 10 月 29 日，苏中友好协会成立。1958 年 9 月 29 日，苏中友协白俄罗斯分会成立。到 1960 年年初，白俄罗斯各地相继成立了 9 个地方分会。20 世纪 50 年代下半叶，双方代表团互访频繁。1986 年 4 月 26 日，切尔诺贝利核电站发生爆炸，辐射污染波及白俄罗斯，全国四分之一的地区被污染。灾难发生后，中国积极向白俄罗斯提供援助，以减少事故危害。1991 年 12 月 8 日，中国作为联合国成员国参与起草了《在研究和减少切尔诺贝利核电站事故后果方面加强国际合作与协调的努力》的决议。

1991 年 8 月 25 日，白俄罗斯苏维埃社会主义共和国最高苏维埃赋予国家主权宣言以宪法地位。同年 12 月 8 日，俄罗斯、白俄罗斯、乌克兰三个斯拉夫国家的领导人在白俄罗斯的别洛韦日发表声明，并签署《独立国家联合体协定》，宣布苏联作为国际法主体和地缘政治实体停止存在。12 月 21 日，苏联 11 个加盟共和国的领导人在阿拉木图签署支持别洛韦日协议的声明，建立独

---

[1] 沈志华：《苏联专家在中国》，北京：社会科学文献出版社，2015 年版，第 4 页。

立国家联合体。白俄罗斯作为主权国家开始了她的当代史。[1] 12月25日，米哈伊尔·谢尔盖耶维奇·戈尔巴乔夫宣布辞去苏联总统职务，苏联解体。12月27日，中国承认白俄罗斯独立。1992年1月20日，白俄罗斯部长会议主席维亚切斯拉夫·弗朗采维奇·凯比奇率白俄罗斯政府代表团访问中国，这是独联体国家中第一个访华的高级代表团。其间，中白签署建交协议。

建交以来，两国始终相互尊重，平等相待，成为国与国友好合作的典范。在两国最高领导人的亲自关心和推动下，中白关系取得了跨越式发展，设立了政府间合作委员会。双方政治互信日益巩固，相互支持不断加强，各领域合作深入开展，成为名副其实的好朋友和好伙伴。

二、中白相互认知

在中白双方的认知中，彼此的形象都有一个从模糊、宽泛、抽象到清晰、凝练、具体的过程。

（一）中国对白俄罗斯形象认知

在中国，由于历史上白俄罗斯曾经长期是巨大政治实体的一部分，对它的认知常常同化在对大的实体的认知中，也时常将它与十月革命后流亡中国的"白俄"群体混同起来。

---

〔1〕 A. A. 科瓦列尼亚等著，赵会荣译，王宪举校：《白俄罗斯简史》，北京：社会科学文献出版社，2016年版，第285页。

1992 年以后，随着中白两国关系的日益发展、相互定位的不断提升、双方形象建设工作的展开和深入，白俄罗斯在中国的形象越来越具体，越来越积极。

决定国家形象的最主要认知维度是政府维度、文化维度、景观维度、国民维度、企业维度和舆论维度。[1]

中国对白形象认知的具体构成有：政府维度——拥有坚强有力、个性鲜明的领导人，坚持走符合本国特色的发展道路，实行独立自主的对外方针，高度重视并积极推进对华友好[2]；文化维度——属于东斯拉夫民族，白红两色象征着纯洁与热情，世博会白俄罗斯馆；景观维度——欧洲中心，"万湖之国""绿色王国"；国民维度——在反法西斯战争中付出巨大牺牲的英雄民族，拥有善良、美丽的人民；企业维度——中白工业园，别拉斯大型装卸车；舆论维度——友好热情的新闻媒体报道，明斯克电视周。

（二）白俄罗斯对中国形象认知

中国在白俄罗斯的形象，早期是一个遥远、古老、重要，有着自己独特的文明因而也显得神秘的国度。17 世纪—18 世纪，白俄罗斯的对华认知深受俄罗斯和欧洲建构中国形象话语的影

---

〔1〕 范红、胡钰：《国家形象：文明互鉴与国家形象》，北京：清华大学出版社，2017年版，第 46 页。

〔2〕 对华友好表现在：对华支持坚定（在世界人权会议上，多次作为多国代表发言，捍卫中国的立场）、及时（最先向中国提供抗疫物资）、用心（2020 年 4 月 4 日清明节，白俄罗斯驻华使领馆降半旗，向在中国抗疫中牺牲的英雄和逝者致哀）。

响。19 世纪，对华关注度在白俄罗斯得到提高。

苏维埃时期，中国的形象首先与中国的无产阶级和共产党人联系在一起，与为打倒半封建半殖民地的旧社会、争取人民自由幸福而开展的斗争联系在一起。20 世纪 40 年代，中国是苏联反法西斯的盟友。20 世纪 50 年代，中苏友好关系迎来了繁荣期。50 年代后期起，中苏关系出现波折，两国经历了十年论战、十年对立和十年谈判。1989 年 5 月，中苏关系正常化。在此过程中，中白关系受制于大的中苏关系。

在 1991 年年底白俄罗斯独立和 1992 年年初中白建交之后，白俄罗斯与中国的关系，"由远而近""由疏而密"，中国在白俄罗斯的形象也从"宽泛、抽象"到"清晰、具体"。这也是国际形势和两国国内形势发展变化的反映和结果。

两国在国际事务中共同或相似的观点与立场越来越多，两国遭遇的相同或相似的国际情势与挑战越来越多；中国的经济实力、国际地位、影响力、倡导力日益提高，白俄罗斯在国际和区域事务中的作用、影响也不断提升。这些因素，客观上使两国不断接近，使两国关系不断深化。此外，两国更有发展双边关系的"内生动力"。"内生动力"具有独立的价值，不受国际形势变化的影响，不受任何其他因素的干扰。因此，它们更为强大和稳定。"内生动力"的基础和源泉在于两国领导人的引领、历史的经验和现实的需求、丰富的成果和巨大的潜力。

在当今的国际格局和情势下，对于白俄罗斯而言，在维稳、立足、发展的进程中，中国是最为重要的战略伙伴之一。在国情咨文中大篇幅论述两国关系，最先响应并加入"一带一路"倡议，专门就与某一国家开展合作颁布总统令，举行国家年（中白"教育年""地方合作年"）等等，都是白俄罗斯高度重视对华友好、积极主动发展中白关系的体现。

与此对应，新时期中国在白俄罗斯的形象是：具有悠久的历史和独特的文化、对白友好、经济飞速发展、国际地位和影响力日益提高的强大国家。

白俄罗斯对华形象具体构成有：政府维度——中国领导人是白俄罗斯民众最信任的外国领袖，中国一直位于白俄罗斯与之优先发展关系国家的前列；[1]文化维度——明斯克中国文化中心，六家孔子学院，每年九月举行的"孔子学院日"；景观维度——长城、天坛等名胜古迹和上海外滩摩天楼群等现代化景象；国民维度——汉语教师和志愿者，8000 多名在白中国留学生，建筑工程师和工人；企业维度——中白工业园，北京饭店，中国建造的体育场馆；舆论维度——大量积极友好的涉华官宣。[2]

---

〔1〕 "Белорусы больше всего доверяют китайскому лидеру – опрос", https://alternatio. org/events/all/item/89429-belorusy-bolshe-vsego-doveryayut-kitayskomu-lideru – – – opros.

〔2〕 白俄罗斯主流媒体"今日白俄罗斯"电子版有常设栏目"中国之窗"（Окно в Китай），每天刊登关于中国的新闻、图片和视频，内容和表现多积极、正面。

三、中白彼此认知不同的原因

在中白双方的彼此认知中，形象以正面、积极为主，但也有一些负面、消极的。就白俄罗斯对华认知而言，包括"对外扩张""获取资源""倾销商品""转移污染"等等。关于中国的价值理念、社会制度等也存在一些远非合乎实际的认识和判断。

这些现象产生的原因有多种。第一，历史上，形象主要由官方言说构建，因而完整单一。目前，白俄罗斯民众直接获得中国印象的渠道日渐丰富，从而使得中国的形象也显得多种多样。

第二，当前的中国发展速度快、变化大。大量的理念、实践与成果具有自己的独特性。同时，在中国不同的地区和领域，其发展规模、速度等也各有不同。

第三，认知是"共识"。但社会群体数量多，不同群体接触的面、侧重点都不尽相同，故获得的印象、构建的形象也不尽相同。

第四，媒体丰富多样、庞杂无序。媒体是民众除自身体验外获取信息最重要的渠道。白俄罗斯主流媒体体现国家立场，涉华宣传报道积极正面。但部分欧美媒体，出于政治、商业等动机，会发布一些远非全面、客观和公正的涉华信息，混淆视听。此外，在网络时代，资讯渠道成倍增长的同时，信息也呈现碎片化、扁平化。部分自媒体为博人眼球、拉高点击率，扭曲事实。

四、加强中白相互认知的重要性

塑造理想、美好的国家形象，完善相互认知，对于中白全天候全面战略伙伴关系的发展具有重要意义。

国家形象建设和传播是战略工程，需要进行顶层设计和部署。在国家层面，继续举办主题年，并依托主题年的引领作用，使人文交流活动常态化，细水长流，多角度、多层次地展示双方的国家形象。

在民间层面，组织形式丰富、受众面广、感知度高的活动，切实推动务实交流，增进了解，凝聚共识。上海世博会白俄罗斯展馆、华东师大举办的面向社会大众的白俄罗斯民间音乐会、北京和上海高校合作编写出版的普及读物《白俄罗斯名人传》、白俄罗斯每年举办的孔子学院日、在两国开设的中餐厅和白餐厅等等，都使两国民众真切地感受到彼此的传统和文化。上海市与明斯克市的下辖区结成友好区，开展点对点、有特色的交流，活动下沉到社区，拉近了人民之间的距离。

交流过程中，既要展现双方历史文化的不同点，也要挖掘、体现共同点。由于相同，我们相互亲近、彼此认同；由于不同，我们更需要相互了解。

要循序渐进，丰富交流形式、提高交流层次，助力深化双方认知。这是随着两国关系日益密切，两国民众的认知、理解不断深入而产生的需要，也是推进两国全天候全面战略伙伴关系务实长足发展的需要。

国家形象建设和自塑他塑互动也是一项系统工程，需要多方的参与和努力，开展多维度的塑造和传播。

要加强教育界、学术界的作用与影响力。扩大和丰富中国的白俄罗斯研究中心和在白俄罗斯的孔子学院的功能。要进一步加强中白智库交流，加强对双方发展意图和愿望的了解，准确把握双方利益的结合点，加强政策沟通和战略对接，为政府建言献策，促进理解和认同。同时，借助双方智库的权威性和影响力，营造对双方有利的社会舆论，反驳不实宣传，澄清事实，增信释疑。

各研究中心和机构应发挥宣传平台的作用，与大众媒体开展更积极的合作，利用新媒体，加强传统媒体与新媒体的融合。在国际舞台上，积极应对挑战，增强自身国际话语权，形成国际舆论新地图。在中白两国内部，积极努力树立和传播彼此崇高、美好的形象，增进相互理解和尊重。

中白教育合作与交流散想（2021—2022 年）

北京第二外国学院白俄罗斯研究中心教授　许传华

2022 年是中白建交 30 周年，也是中白关系发展中的重要年份。30 年来，中白关系实现了从友好合作关系，全面战略伙伴关系，到相互信任、合作共赢的全面战略伙伴关系，再到全天候全面战略伙伴关系四次提质升级。

目前，中白全天候全面战略伙伴关系高水平运行，双方在涉及彼此核心利益和重大关切问题上毫不犹豫相互支持，是名副其实的全天候伙伴。新冠肺炎疫情发生以来，中白两国同舟共济、守望相助，彰显出深厚的"铁哥们"情谊，体现了中白关系的高水平和特殊性。中白教育合作与交流作为中白两国战略伙伴关系的重要组成部分，对全面提升两国关系水平具有重要意义。

一、拓展双方合作交流渠道，构建中白教育共同体

中白两国政治上高度互信，两国领导人多次对话；战略上密切对接，在对待国际问题上立场相似。这构成了中白两国积极参与彼此各种教育合作交流的重要基础。

近年来，新冠肺炎疫情全球大流行对中白之间正常的教育交流合作造成了一定的冲击，但总体而言，两国教育合作发展顺利，交流与合作规模不断扩大，交流形式日益多元，合作的内涵逐步加深，水平稳步提高。2019 年，中白两国教育部门成功举办了白俄罗斯"中国教育年"；同年 5 月，中白政府间合作委员会教育合作分委会第五次会议期间，两国教育部还签署了相互承认学历学位证书的协定。中白两国高校、科研院所等教育机构共签订了 400 多份合作协议，两国在高等教育、职业教育、留学生互换、教师交流、语言教学方面的合作交流成果丰硕。白方的孔子学院、孔子课堂，中方的白俄罗斯研究中心等机构运转平稳，各种机制化活动稳步推进。中白留学生互换规模不断扩大，中国对白俄罗斯每年开展包含 40 个名额的政府奖学金交流项目。2020 年中国在白留学生超过 5000 名[1]；2021 年，中国赴白留学人数达 7500 余人，位居在白外国留学生数量之首。

2021—2022 年是"中白地方合作年"。自 2021 年 8 月 26 日"中白地方合作年"正式启动以来，两国地方克服疫情带来的不利影响，通过各种形式成功举办多场内容丰富、形式多样的友好省州、友好城市合作交流活动，并达成多项地方合作发展协议。目前，地方合作正日益成为中白务实合作的新增长点。白俄罗斯

---

[1] 赵会荣：《新冠肺炎疫情影响下的白俄罗斯及其与中国合作》，载《北方论丛》，2021 年第 1 期，第 59 页。

首都明斯克和其他 6 个州均同中国相关省市建立了友好关系，截至 2022 年 1 月，两国友好省州和友好城市已达 35 对。[1] 中白双方地方省州（市）正以"中白地方合作年"为契机，不断加大合作的力度，充实合作的内涵，两国教育部门的合作也不断拓展、深化。

第一，中白双方应遵循共商、共建、共享原则，发挥各自的优势，逐步提升对方在本国教育国际化战略中的地位与层次，聚焦于共同需求，扩大相互协作范围与广度，共同合作提高软实力。

第二，教育国际合作不仅仅是教育本身的问题，也涉及政治、外交等议题。因此，在教育国际合作中，高等教育本身的延伸与拓展的重点在于加强保障机制的建设，这有利于规范国际教育合作的运作方式，也能够有效提升双方对彼此教育可持续发展模式的认同，提高教育合作的效率。

第三，增加两国高等教育交流与合作的参与主体，将两国已经签署的高校协议文本转化为务实合作的具体成果，鼓励有合作基础、有共同研究项目和发展目标的学校缔结姊妹关系，逐步拓展教育合作交流。[2]

---

〔1〕《谢小用大使就中白建交 30 周年、两国各领域合作等接受白俄罗斯总统管理学院杂志〈管理问题〉专访》，http://by.china-embassy.gov.cn/ambas/fangtan/202201/t20220121_10631616.htm。

〔2〕刘淑华、宋永华：《"一带一路"背景下的中俄高等教育合作:问题与对策》，载《高等教育研究》，2019 年第 4 期，第 100 页。

二、继续深化中白语言文化教学与研究，创建教育合作与交流品牌平台

中国高校及科研院所现设有白俄罗斯语专业 3 个，白俄罗斯语辅修专业 4 个，白俄罗斯研究机构多达 14 个；白俄罗斯国内共有 35 所学校开设了中文课，其中有 11 所高校将中文列入单独学科，明斯克国立语言大学还专门设有中国语言文化系；白中两国合作在白设立了 6 所孔子学院，专门为白培养跨文化交流专家。可以说，中白语言文化教学为中白两国各领域合作提供了战略人才储备，相当程度上为两国的教育文化交流扫清了语言障碍，为两国其他领域的交流与合作打下了坚实的语言文化基础，对于促进中白教育文化交流和经济发展具有重要的意义。

中白两国教育机构与相关部门搭建的地区性教育合作与交流平台对中白教育合作与交流作出了一定的贡献。"新地平线"中白青年创新论坛自 2014 年至今已连续举办 8 届，为中白在科技领域的合作提供新的动力；"白俄罗斯形势与中白关系"学术研讨会已连续举办 6 届，对中白两国认清与发展中白关系具有一定的促进作用；近年连续举办的中白人文合作论坛、中白教育论坛、白俄罗斯语口语大赛、"汉语桥"世界大中学生中文比赛白俄罗斯赛区大赛、中白"丝绸之路"国际青少年艺术大赛等，对于推动中白语言教育有重要积极意义；2022 年举办的"中白建交三十周年图片展暨重庆–明斯克电视周""中国–白俄罗斯草编艺术交

流云展览"等中白文化交流活动，在一定程度上创新了展览模式，对于普及、认识和保护两国的传统文化具有重要的意义。

鉴于此，中白两国应当创新教育教学机制，更新教育教学理念，促进中白语言教学和文化交流。

第一，开展教育教学全方位、深层次合作。中白之间可以通过建设联合教学实验室等模式在教学管理和教学模式等方面进行深度合作；中白高校教师通过线上线下相结合的方式同堂上课、联合指导学生、共同开展科学研究、开拓联合实习等。

第二，在原有语言文化交流的基础上，重视专业之间的融合和学科之间的交叉，鼓励各合作院校利用特色专业、优势学科进行"外语+专业"复合型人才培养；双方可联合开发、讲授核心课程，协作编制双语专业课教材，利用各自学校的学科专业、学科优势，增强课程的竞争力。[1]

第三，各合作院校之间通过学术会议、论坛、比赛、推介等模式搭建长效品牌合作平台，利用语言优势开展学术著作、文学艺术作品等的互译工作，加强中白两国跨文化交流，提升对彼此文化的理解与认知。

---

〔1〕 靳会新、曲万涛：《中俄高等教育合作》，载《俄罗斯学刊》，2022 年第 2 期，第 108 页。

三、推动中白高校联盟建设，提升联合办学项目层次与水平

随着两国教育国际化战略的实施，两国高校都将国际化作为未来发展方向，中白两国政府教育部门引导构建高校之间对口合作的新机制，支持两国高校建立直接联系，促进高校在人才培养、教学和科研交流、社会服务等方面的合作。

近两年，中白高等教育合作与交流增量稳步提升、形式渐趋多样、成果日渐丰硕。2021 年，大连理工大学白俄罗斯国立大学联合学院首届本科留学生顺利毕业；同年 12 月 1 日，中白（山东）教育国际合作联盟成立。2022 年 1 月 4 日，北京大学和白俄罗斯国立大学举行线上会议，两校希望以"生物学"作为试点学科，探索国际化、开放创新的人才培养模式；3 月 31 日，广州大学与白俄罗斯国立文化艺术大学签订合作协议，以期在广州国际友城大学联盟框架下开展多边高等教育合作，谋求互利双赢，共同推进城市的可持续发展；4 月 8 日，浙江树人学院与白俄罗斯波洛茨克国立大学签订合作协议书，进一步推进两校在教育、文化、科研等领域的合作；5 月 31 日下午，南京医科大学与白俄罗斯国立医科大学联合举办学术研讨会，希望双方继续深化互信，不断拓宽合作领域、丰富合作内涵，在各领域开展全方位、深层次的合作，为构建人类卫生健康共同体贡献两校的力量。

中白联合办学稳步推进。截至目前，共有中白联合办学机构本科层次十所、研究生层次一所，专业涉及机械设计制造及自动

化、物理学、音乐表演、播音与主持、体育教育、通信工程、数学与应用数学、工程力学等十余个。这些资料表明，中白合作办学的层次高度集中在本科阶段，对口专业合作尚未全面铺开，研究生阶段的合作缺乏。因此，需要加强研究生层次的交流合作，鼓励双方高校开展研究生互派、联合培养、合作研究、短期游学、实习实践基地建设等各种形式的合作，拓展双学位教育，联合培养复合型人才。

基于此，两国需要以创新教育国际化为目标，以构建国际化人才培养体系与机制为引领，以提升科技合作和高等教育交流与合作的层次为动力，推动传统合作领域创新性发展、促进学生交换和交流、加强合作办学，共同提高高校的教学科研能力，提升两国在全球国际教育中的地位。

第一，持续加强政府间科技合作，搭建两国科技交流合作平台，同时利用政府、高校、科研院所和企事业各单位的力量，推行"政、产、学、研"合作的长效发展机制，以促进两国科技交流合作。

第二，在前期两国高校合作交流的基础上，筹建中白特色国际学校，重点关注两国急需的工程技术类、医学类专业建设；重点引入对方的优质教育资源；同时发挥自身的专业特色、学科优势，构建本土化程度高、合作性强的人才培养模式、运行管理模式、服务模式和公共关系模式。

第三，基于地方合作交流的基础，拓展人才培养空间，推广本硕博连读培养模式；创建、创新中白高校联盟机制，将中白工科、经济、师范、交通、医科、艺术、文化、新闻、农业等各类大学纳入合作框架。

四、创新中白教育合作新模式，拓展职业教育合作深度与广度，共建共享教育平台

2021 年 4 月 13 日，习近平总书记对职业教育工作作出重要指示，提出深入推进育人方式、办学模式、管理体制、保障机制改革，稳步发展职业本科教育，建设一批高水平职业院校和专业，推动职普融通，增强职业教育适应性，加快构建现代职业教育体系，培养更多高素质技术技能人才、能工巧匠、大国工匠。[1]

据统计，在职业教育国际化方面，中国已经逐步形成多元协同培养模式，"一带一路"沿线国家成为中国招收留学生的主要生源地和境外办学的主要集聚地。目前，400 余所高职院校和国外办学机构开展合作办学，全日制来华留学生规模达到 1.7 万人。中国在 40 多个国家和地区开展"中文+职业教育"特色项目，为各国学员提供职业教育培训和就业发展机会。[2]

中国职业教育不断拓展办学空间，用数字化赋能，成绩卓然。据中国教育部门统计，截至 2022 年 2 月底，中国上线慕课数

---

〔1〕《习近平对职业教育工作作出重要指示》，新华社北京 2021 年 4 月 13 日电。

〔2〕《在服务"一带一路"中彰显中外合作办学担当》，http://www.jyb.cn/rmtzgjyb/202210/t20221027_2110962994.html。

量超过 5. 25 万门。2022 年 3 月，国家职业教育智慧教育平台正式上线，覆盖 19 个大类，396 个高职专业，汇聚了 660 余个专业教学资源库，1000 余门在线精品课和 2000 余门视频公开课，以及 420 余万条视频、图片、文档等资源，[1] 为职业教育学习提供充足的数字资料，这在一定程度上优化了新冠肺炎疫情冲击之下的职业教育国际合作环境。

但是，相较于其他"一带一路"国家而言，中白职业教育合作与交流相对较少，中国仅有 4 所职业院校参与中白合作办学，涉及项目 13 个，合作与交流专业也较少，仅涉及学前教育、音乐、美术、汽修、工程技术、轨道交通等。[2]

为拓展与加深中白职业教育合作与交流，应着重在以下几个方面努力：一是两国教育部门应当积极谋划、拓展和深化两国的职业教育交流与合作，打造中白人才培养和培训特色项目，在服务两国国家战略中贡献职教力量；二是共同打造中白职教标准，组织成立行业或区域职教联盟或中白职教合作中心等，搭建职业教育共享平台，加强资源共建共享；三是推广中白联合培养，以企业问题为导向进行落地式订单培养，重点关注中白行业企业深度参与高职院校国际化办学，积极服务国际产能合作，为中白企业培养"用得上"的本土技能人才。

---

〔1〕《我国建成世界规模最大职业教育体系》，https://m. gmw. cn/baijia/2022-05/29/1302970221. html。

〔2〕《中外合作办学机构与项目》，https://www. crs. jsj. edu. cn/news/index/59。

五、总结

2022 年 9 月 15 日，在上海合作组织成员国元首理事会第二十二次会议期间，习近平主席同卢卡申科总统举行会晤，基于提升双边关系水平、体现中白关系示范作用和进一步推动两国各领域合作的共同意愿出发，发表了两国关于建立全天候全面战略伙伴关系的联合声明，其中第八条指出，"双方将加强科技合作，拓展科研院所、高校及企业间的务实合作，鼓励共同创立联合科研中心、实验室等合作平台。"第十六条指出，"双方商定以联合教育计划为基础开展两国高校务实合作并共建院系，包括开展远程教学""双方继续支持两国青年学习对方国家语言并扩大语言教学方面的合作""双方鼓励两国科研机构通过举办会议、研讨会和开展联合科研等方式加强交流"等。联合声明中的这些条款意味着中白双方教育合作模式将会发生积极变化，"联合"和"共建"将成为中白教育合作交流中的关键词汇，联合意味着"双主体"合作，共建意味着双方在合作过程中应当注重利益平衡，建立相关机制；必要时进行远程沟通，以提高交流时效性。

总而言之，在中国与白俄罗斯的教育合作问题上，我们应当从全局出发，组建由政府、高校、社会团体、科研机构、"走出去"企业等多元主体构成的教育交流平台，实现多样化合作，拓展中白教育合作空间，实现双方交流可持续发展。

中国与白俄罗斯教育合作实践与思考

大连理工大学　张玉、陶绥、郭淑红

在构建"一带一路"教育共同体的推动下，中外合作办学蓬勃发展，建设高质量的中外合作办学机构势在必行。本文以中国与白俄罗斯教育合作为基础，通过研究白俄罗斯的教育体系和教育资源优势，对大连理工大学和白俄罗斯国立大学两校的合作办学情况进行分析，梳理创新办学特色和教育实践，探究"一带一路"倡议下中外合作办学的新方向和人才培养路径的新模式。

2013年，习近平主席提出"一带一路"合作倡议，这不仅加强了中国与沿线国家经济层面的交流与合作，而且促进了中国同沿线国家高等教育层面的合作。2015年3月，习近平主席访问白俄罗斯，为两国政治、经济、教育等方面的合作注入了新的活力。2016年9月，白俄罗斯总统卢卡申科访问北京，双方发表了两国关于建立相互信任、合作共赢的全面战略伙伴关系的联合声明。2022年9月，中白关系提升为全天候全面战略伙伴关系。

为响应"一带一路"合作倡议、配合教育部《推进共建"一带一路"教育行动》、振兴东北老工业基地，同时为全面优化学科结构、提高学校国际化水平、构建"双一流"高校，经中国与白俄罗斯两国教育部批准，2017年大连理工大学与白俄罗斯国立大学在本科层次设立了两国第一个国际合作办学机构——大连理工大学白俄罗斯国立大学联合学院（以下简称"中白学院"）。2019年白方在本国对等设立白俄罗斯国立大学大连理工大学联合学院（以下简称"白中学院"），2021年双方获批联合培养硕士和博士研究生，开启了中白两国本硕博贯通的一体化人才培养新阶段。中白联合学院的建立，搭建了两国高等教育的沟通桥梁，整合了两校优质教育教学资源，促进了两校高等教育国际化发展，为中外合作办学的发展提供了驱动力。

一、白俄罗斯的教育资源水平

白俄罗斯拥有完备的教育体系、高质量的教育水平，以及良好的全民教育传统。2021年白俄罗斯在联合国人类发展指数中排名第54位，独联体国家中排名最佳。白俄罗斯自1991年获得独立后，没有对其教育系统进行大规模改造和破坏性重组。得益于教育系统的稳定性和连续性，该国实现了各级教育的高入学率。白俄罗斯一直是世界上成人识字率最高的国家之一，达到99.9%；学前或小学教育的入学率高于欧洲和北美；2019年基础教育、普通中等教育和职业教育覆盖率为94%。根据2020年社会进步指数中的"获取基本知识"指标，白俄罗斯在世界163个国家中排名第17位；2021年这一比例为88.5%。白俄罗斯每

10 000 名人口中，有 273 名高等教育机构的学生。白俄罗斯教育系统完备，教育经费约占国家国内生产总值的 5%，与欧洲发达国家比例持平。

白俄罗斯全国有 50 余所高等教育机构，主要集中在首都明斯克，大部分为公立学校，排名前五名的高等教育学校是：白俄罗斯国立大学、白俄罗斯国立技术大学、戈梅利国立大学、白俄罗斯国立信息与无线电电子大学、白俄罗斯国立扬卡·库帕拉大学。

白俄罗斯的科技水平世界领先，是苏联时期的科技中心。白俄罗斯科技发展注重创新，优先发展方向包括信息技术、航空航天技术、纳米和生物技术、新材料和药物、核能和可再生能源等。2019 年，白俄罗斯全球创新指数排名在 129 个国家和地区中居第 72 位；2021 年，居第 62 位，与 2020 年相比提高了 2 位。

二、大连理工大学与白俄罗斯国立大学教育合作基础

白俄罗斯国立大学成立于 1921 年，是苏联四大国立大学之一，经过百年发展革新，如今成为独联体国家中顶尖、世界一流的公立研究型大学。2022 年在 QS 世界大学排名中，白俄罗斯国立大学列第 295 名。白俄罗斯国立大学是一所开放性的国际化大学，现有全日制学生 25 500 名，其中包括来自 70 多个国家的 4000 多名留学生，2022 年招收 5000 名新生。白俄罗斯国立大学拥有 28 个院系、83 个专业、3 个国家科学研究中心，物理学、

力学、数学在欧洲名列前茅；学校重点学科为航空航天工程（力学）、材料物理、光学，科研基础雄厚；与60多个国家的大学和科研机构合作，同中国20多所大学有合作交流；拥有40多个科研实验室，有本校的科技园。

大连理工大学是教育部直属的国家重点大学，是国家首批建设的"985工程""211工程""111计划""双一流"大学，与41个国家和地区的274所大学及科研机构建立了长期稳定的合作关系，积极拓展国家公派、联合培养、交换学习、短期交流访问、海外实习等海外交流项目。

大连理工大学与白俄罗斯国立大学有着多年的合作基础，早在2009年就与白俄罗斯国立大学合作成立了孔子学院。该学院2011年被评为"全球先进孔子学院"，2013年成功承办欧洲地区部分孔子学院联席会议，2016年被评为"国家示范孔子学院"。这是对两校在孔子学院合作建设上所取得成绩的充分肯定，对促进大连理工大学与白俄罗斯国立大学全方位合作和增进中白两国人民了解和友谊具有重要意义。在"一带一路"倡议下，大连理工大学依托自身的学科优势，设立了中俄白等离子科学联合研究中心、国际区域经济及一体化过程研究联合实验室、上海合作组织大学（中方）经济学研究中心、国别与区域研究——独联体国家研究中心（教育部备案中心）、白俄罗斯研究中心等研究机构，不断深化同白俄罗斯等国的科技合作。

三、中白合作办学模式创新实践

2017 年 3 月，中白学院获教育部批准成立，开启了中国和白俄罗斯联合培养人才新篇章。学院融合了双方大学在应用物理、工程力学和数学等学科的办学优势，以培养面向社会发展需要，掌握汉、英、俄三种语言，在自然科学领域基础知识扎实，具有国际视野和先进创新理念，并具有出色工程实践能力的高层次、复合型、国际化理工类专业人才为目标，致力于成为一所国际化、高水平的理工科类的国际合作办学机构。

（一）"英语+俄语+优势专业"的办学模式特色

中白学院依托大连理工大学和白俄罗斯国立大学，整合中白两国优质教育资源，打造国际化的教学科研团队；采用国际领先的复合型创新人才培养模式，即"英语+俄语+优势专业"，协商制定教学大纲。专业核心课程采用全英文教学，三分之一以上专业核心课程由国外专家讲授。学生入学后从零基础开始学习俄语，由白俄罗斯教师进行语言教学，使学生不出国门便能接受国际教育。学生毕业考核包括国家专业考试和毕业答辩。根据《白俄罗斯国家统一考试大纲》，2021 年和 2022 年两次组织白俄罗斯国家专业考试，由中白双方专业评委联合审查。两国人才培养模式强强联合，优势互补突出"专业+语言"的办学特色，学生毕业后可获得大连理工大学学位、学历证书和白俄罗斯国立大学学位、学历证书。

（二）实行中白"双主讲"模式，保障教学质量

"双主讲"模式是指专业课程由中白双方各安排一名主讲教师共同承担，目的是促进中白主讲教师优势互补、相互了解、共同进步，建立全英文教学能力突出的联合教学队伍。双方对主讲教师进行英文教学培训。中白学院设立教改基金，支持范围包括联合出版英文教材、制作全英文课件、录制慕课、建设网络课堂等。此外，中白主讲教师联合指导本科生及研究生毕业论文。白方教师每学期来中白学院授课约 20 人次，人均 3 个月，保障了正常教学进度。截至目前，由白俄罗斯国立大学选派主讲教师共计160 余人次，大连理工大学安排英文主讲教师约 200 人次。2021—2022 学年，白方教师主讲 34 门课程，其中 22 门（64.7%）实现"双主讲"。

（三）通过"双导师"模式促进两校间科研合作，联合申报科研项目

采用"双聘"教师制度，即两校合作招聘优秀的双语教师，所聘教师同时承担两校教学、科研工作。现有中外合作办学基础，保证了大连理工大学与国际一流大学间牢固可靠的合作关系，同时赋予中外教师"双重"权益和责任，积极吸引两国优秀人才。推动教、研、学三方面齐头并进，加强教学人员交流与沟

通，相互传授教学经验，互相吸收先进的教学知识、教学方式、教学理念等。两校联合申报科研项目，共同合作，探索科研前沿，发掘价值性科研成果。注重学生教育和教学工作，以学生为中心，引导启发学生的创造能力，为培养高水平、复合型、国家化人才奠定坚实基础。

（四）"同窗友情"英才育成计划

"同窗友情"英才育成计划的实施目标是将"走出去"和"引进来"相结合。组织大连理工大学学生赴国外一流大学长期学习和生活，培养优秀人才；同时吸引海外一流高校学生到大连理工大学进行半年以上学习，培养同窗友谊。该计划要求做到"五同两优"。"五同"是同培养方案、同教材、同授课时间、同考试题目、同考试时间；"两优"即吸引优秀师资到大连理工大学授课，集合优质教学资源联合培养精英人才。

中白学院每年寒暑假还组织国际短期访学活动，覆盖白俄罗斯、美国、德国、英国、新加坡等国高校。2018 年 7 月和 2019 年 7 月，白方分别派出 17 名和 20 名学生赴中白学院进行为期 3 周的交流访问，其中 8 名选择留下攻读学位。2019 年 1 月，中白学院 18 名学生赴白俄罗斯国立大学进行为期 12 天的交流访学。2021 年 4—6 月，双方就新冠肺炎疫情举办"友谊在明斯克 & 友谊在大连"线上交流活动。

大连理工大学在注重访学的同时，强调学生国际化与创新实践能力培养，本科生获得学科竞赛奖项 104 项、共 130 人次，其中国际级竞赛奖项 32 人次、国家级竞赛奖项 81 人次、省校级竞赛奖项 17 人次，其中包括两校学生组成联队，共同参加国际大学生工程力学赛、奥林匹克物理竞赛等。中白学子还获得了 2021 年中国"互联网+"大学生创新创业大赛金奖和 2021 年全国大学生物理实验竞赛国家一等奖等奖项。

（五）"本硕博"一体化联合培养

2021 年 3 月，教育部批准中白学院研究生层次联合培养。这有利于中白学院提升办学层次、拓展合作领域，全面实现中白高校"本硕博"一体化培养的深度合作，服务国家培养战略合作人才的需要。

中白学院新增三个硕士研究生专业（凝聚态物理、工程力学、光学工程）和五个博士研究生专业（物理学、力学、应用数学、光学工程、经济系统分析与管理）。硕士生招生规模为每专业每年十人。博士生招收人数为：力学专业每年五人，物理学、应用数学、光学工程专业每年四人。目前已经完成 2022 届硕博研究生的招生工作。

四、中白教育合作实践新思考

多层次、多模式、多维度的中白人才培养模式强调"产、学、研、用"相结合，服务地方和国家经济，发挥积极的示范引领作用。2022 年大连理工大学与白俄罗斯国立大学联合发射世界首颗 20 千克量级亚米级高分辨率遥感卫星，是目前国内外同重量级别遥感卫星的最高水平。

通过交流互访、学术研讨、国际会议等多种形式，中白双方加深了彼此理解，夯实了合作基础。共同建设多元化国际实践教学体系，包括科研创新中心、国际科研项目和专业课程建设，打造国内外实习实训基地，联合开展与中白工业园、华为–白俄罗斯分公司的深度合作，使中白实践教学环节并轨运行，打造多方协同育人新范式。

中白合作办学是响应"一带一路"倡议和在国家发展大背景下进行的有益尝试，符合两国科研–教育–产业合作以及两校发展的需求。大连理工大学以合作办学、来华留学、境外办学三位一体的方式，培养具有出色工程实践能力的高层次、复合型、国际化专业人才，服务国家战略合作。从设立中白学院到白中学院，再到实现双方"本硕博"一体化联合培养的深度合作，两校推动形成了中白两国理工科人才多层次、一体化、贯通培养的创新模式。

白俄罗斯汉语教育现状探析

南京理工大学外国语学院　刘丽秋、赵雪琴、石雨晴

中白全天候全面战略伙伴关系的确立无疑将进一步加深中白合作。语言作为交流沟通的载体，在中白人文、科技和经贸合作等领域发挥重要作用。

当前，汉语教学已经成为白俄罗斯国家外语教学的战略目标，白俄罗斯学习汉语的人数在不断增加，并呈年轻化趋势。白俄罗斯教育部也积极支持各高校扩大中文教学。中文已成为白俄罗斯高考外语科目之一。

在此背景下，分析和探讨白俄罗斯的汉语教育现状成为一项不可忽视的课题。本文通过梳理白俄罗斯中小学、高等教育机构及孔子学院的汉语教育的发展之路，试图勾勒出白俄罗斯汉语教育的发展情况，并分析白俄罗斯汉语教育的特点，为白俄罗斯中文教学及中白教育合作提供借鉴。

一、白俄罗斯中小学教学机构

白俄罗斯联邦基础教学计划规定，俄语、文学、外语、数学、艺术、音乐、劳动、体育等课程都是必修课，学校有权独立地确定选修课的数量。所有选修课课程全部免费，费用由财政预算统一支付。超过 70% 的人认为将汉语列为选修课教学效果好，30% 的人认为汉语作为必修课有利于汉语教学。约 10 年前的一份统计显示，在普通中等教育机构里，绝大多数学生学习英语，占到总数的 76.3%，学习德语的学生占 19%，学习法语的学生占 3.9%，学习西班牙语的学生占 0.7%，学习汉语的学生仅占 0.1%。[1] 可见 10 年前学习汉语的人数相较其他语种不多，对汉语学习的重视度不高。

明斯克第 23 中学被白俄罗斯教育部选定为首批开设汉语教学的中小学之一，自 2006 年 9 月开始汉语教学。明斯克第 10 中学，自 2006 年起开设了汉语课，每个年级各有 1—2 个汉语班，每个班各有 4—12 名学生。

---

〔1〕 娜吉亚：《白俄罗斯小学初级汉语教学的调查与分析》，天津大学硕士论文，2013 年 6 月，第 33—34 页。

表 1　2006—2012 年白俄罗斯中小学汉语学习情况调查表[1]

（单位：所）

年份	明斯克的中小学		其他城市的中小学	
	汉语必修课	汉语选修课	汉语必修课	汉语选修课
2006—2007	3	6	0	4
2008—2009	5	8	1	6
2010—2011	6	12	2	8
2012	6	14	2	9

　　如表 1 所示，截至 2012 年，明斯克共有 6 所学校（2 中、10 中、12 中、20 中、23 中、97 中）将汉语设为必修课，有 14 所学校（7 中、16 中、19 中、32 中、56 中、89 中、92 中、103 中等）将汉语设为选修课。

　　1998—2006 年，白俄罗斯的大学汉语教授多数是从俄罗斯和中国邀请而来。2002 年，白俄罗斯国立大学开设第一个对外汉语实验班，共 20 位学生。2007 年，白俄罗斯国立大学培养出第一批汉语教学人才。同年，白俄罗斯两所高校——白俄罗斯国立大学和明斯克国立语言大学开始正式培养汉语教师。从 2010 年起，每年有 30—40 位汉语本科生毕业于这两所高校。学校教学大纲

──────────

　　〔1〕　娜吉亚:《白俄罗斯小学初级汉语教学的调查与分析》,天津大学硕士论文,2013 年 6 月,第 6 页。

中规定，必须安排专业学生在中国高校实习，并且具有半年到一年半的留学经历。此外，中国方面也派遣专业汉语教师到白俄罗斯的中小学授课，2006—2012 年先后共有 28 名教授、22 名留学生、26 名志愿者在白俄罗斯从事汉语教学工作。[1] 由于白俄罗斯教师薪资普遍较低，学生毕业生后从事汉语教育事业的人数非常有限，白俄罗斯面临汉语教师短缺的问题。

2012 年，白俄罗斯教育部发布《国家中学汉语教学方案》，但没有提出汉语教学的具体标准。2014 年，白俄罗斯初次将汉语教学作为单独的外语编入教学大纲，同时也是第一次提出中学生汉语教学的特点。2017 年，白俄罗斯发布《2017—2022 年白俄罗斯发展汉语教学系统的策略总纲》。2020 年白俄罗斯发布《汉语教学大纲》，阐述了汉语教学的目的和任务。大纲指出了汉语教学主要目标是培养学生汉语交际能力，使学习者成为跨文化交际的主流群体；教学目标是培养学习者良好的口语交际能力；人格发展目标是培养学习者良好的认知能力、沟通能力，让学习者基本能用汉语协作和表达个人思想，培养学生健全的人格；文教目标是丰富中学生的精神世界，培养学习者的思维、情感、行为文化，促进学生思维发展，为跨语言跨文化交际做好心理准备，

---

[1] 娜吉亚：《白俄罗斯小学初级汉语教学的调查与分析》，天津大学硕士论文，2013 年 6 月，第 8 页。

使学习者可以快速适应不同的社会环境。[1]

2008 年，白俄罗斯教育部出版了历史上第一部本土中小学汉语教材——《汉语》。到 2016 年，白俄罗斯拥有了自己编写出版的全套 3—11 年级汉语教材。该套教材一共 15 本，3—8 年级的课本分为上下册，9—11 年级的课本各一册。《汉语》编写者使用主题式教材设计思路，考虑不同年龄学习者的认知特点、学习能力、兴趣等。与母语教学不同，白俄罗斯中小学汉语课程的教学重点是在学习语言的同时，培养学习者的外语交际能力，因此主题所涵盖的内容必须具有很强的文化特点。《汉语》作为唯一一套系统的白俄罗斯本土汉语教材，全面展示白俄罗斯文化特点，发挥文化载体的作用，帮助学习者展示自己的民族文化特点。[2] 它基于中白文化对比的角度，既强调民族特色，又开阔国际视野。不过，该教材也存在不足之处，语音教学内容缺少配音部分，而且比例较低，不利于学习者练习发音；拼音部分缺少相应的交际性内容；语法难点缺少系统性解释和练习。

二、白俄罗斯高等教育机构

白俄罗斯非常重视推广汉语，制定了到 2020 年的汉语教学发展战略，目前已在 14 所高等教育机构开设汉语学习科目。其中

---

〔1〕 奥莉：《白俄罗斯中学汉语教材〈汉语〉的本土化特点研究》，华东师范大学硕士论文，2022 年 5 月，第 17—18 页。

〔2〕 同〔1〕，第 18—20 页。

明斯克国立语言大学和白俄罗斯国立大学是白俄罗斯高校汉语教学的主要基地，这两所高校开设了汉语相关专业，建立了系统的汉语教学体系。

明斯克国立语言大学建于 1948 年，目前开设 24 门外语专业，是白俄罗斯外语教学的主要中心及培养高级翻译、外语教师的重要基地。2018 年 3 月，该大学正式成立中文系，这也是白俄罗斯高校首个中文系。中文系有不同的培养方向，包括中文教师、高级翻译、信息通讯及公共关系领域专家。同时计划开办翻译技巧、网络语言服务实验室，中白比较文化研究中心，以及制订教学大纲的科教中心。该校还负责白俄罗斯外语教师培养及外语教学大纲制订。

白俄罗斯国立大学于 1921 年成立于白俄罗斯首都明斯克，是一所拥有百余年历史的世界一流公立研究型大学；是欧洲大学协会、国际金融经济联盟、联合国贸易发展联盟成员；是白俄罗斯享有国立大学资格的最高学府。白俄罗斯国立大学语文系开设中国语文学教研室，该教研室成立于 2011 年，目前有 14 位教师，其中四位是中国人。教研室共两个专业，分别是语言学和文学。学术研究方向是汉语教学理论与实践问题，以及汉语言、东斯拉夫语言与文学的关系。教研室开设有基础汉语课、汉语语法课、汉语发音课、汉语词汇学课、中文教学法课、汉语历史课、汉语修辞学、翻译理论与实践、语文学概论、中国文学史等共十门课程。[1] 2018 年白俄罗斯国立大学首次设立"外语教师（中文）"专业，截至 2022 年专业化汉语教师人才培养刚满四年。由此可见，俄罗斯高等教育机构的汉语教学及人才培养任重道远。

三、白俄罗斯孔子学院

截至 2022 年，白俄罗斯共有六所孔子学院，分布于明斯克市、戈梅利州、布列斯特州等地。孔子学院基本目的是在白俄罗斯推广和普及中国文化和汉语。孔子学院的任务是：教授汉语；培训不同职业技能的汉语教师；举行汉语水平考试（HSK）；提供相应的教科书、资料供学生查阅和满足图书馆需求；在汉语言和中国文化领域进行科学研究；为普及汉语和中国文化组织音乐会、展览会、国际会议和比赛。[2]

（一）白俄罗斯国立大学孔子学院

2006 年 12 月，白俄罗斯国立大学与大连理工大学合作成立了白俄罗斯第一所孔子学院，主要任务是开展汉语教学。与此同

---

〔1〕 白俄罗斯国立大学官网，https://bsu.by/structure/faculties/kafedry/kafedra-kitayskoy-filologii-d。

〔2〕 王哲：《白俄罗斯东方学发展概观》，载《焦作大学学报》，2007 年第 4 期，第 4—5 页。

时，按照白俄罗斯教育部的指示，孔子学院也是文化、经济、体育领域的信息咨询服务中心，为中白合作提供全面服务。2016 年12 月 22 日，白俄罗斯国立大学汉学孔子学院获批成为示范孔子学院，这是白俄罗斯国立大学汉学孔子学院继 2011 年获得"全球先进孔子学院"称号后的又一殊荣。可以说，借助于孔子学院的平台，大连理工大学与白俄罗斯国立大学的合作取得了丰硕成果，两校建立起全面的合作关系，形成了共赢的局面。

（二）明斯克国立语言大学孔子学院

2011 年 9 月，明斯克国立语言大学与东南大学合作共建孔子学院。这是当地语言教育水平最高的孔子学院之一，荣获"2013年度全球先进孔子学院"称号。

（三）白俄罗斯国立技术大学孔子学院

白俄罗斯国立技术大学是白俄罗斯学术水平最高的理工科学校。2014 年 10 月，白俄罗斯国立技术大学与东北大学联合建立孔子学院，是世界上第一所科技型孔子学院。

（四）白俄罗斯戈梅利国立大学孔子学院

白俄罗斯戈梅利国立大学孔子学院于 2017 年 12 月 20 日在白俄罗斯南部城市戈梅利成立，这是在白俄罗斯成立的第四所孔子学院，也是在首都明斯克之外设立的首家孔子学院，由戈梅利国立大学与南京理工大学合办。它主要从事汉语教学和汉学人才培养，致力于促进中白两国友好关系的发展。目前戈梅利大学孔子学院的中方工作人员有中方院长1人、海外志愿者6人。外方工作人员主要由主管副校长牵头协调，配备外方院长1人、外方副院长1人、行政秘书1人、会计1人。2022年，该孔院本部共招收学员160人，分为28个班，其中初学班学员86人、2年级班43人、3年级班28人、单人辅导班3人；下属的4个教学点（莫济里国立师范大学56中、47中和71中）有学员206人，分为19个必修班、17个兴趣班。戈梅利大学孔子学院5年来共招收学员1022人。在5年的教学活动中，有8位学员因成绩优异荣获中华人民共和国大使奖学金。此外，学员在多项比赛中屡获佳绩，如：白俄罗斯中学生"汉语桥"决赛网络比赛、第21届"汉语桥"世界大学生中文比赛白俄罗斯赛区选拔赛、第5届"汉语桥"世界中学生中文比赛白俄罗斯赛区选拔赛、白俄罗斯武术冠军赛。

2021年下半年，戈梅利大学孔子学院结合南京理工大学中国工业文化研究中心对整理1949—1958年间中白科技和工业合作有关文献的需求，联合戈梅利国立大学历史系师生的力量，开始对白俄罗斯有关档案馆、博物馆以及有关企业中所藏的文献档案进行整理和分析。2022年9月6日，孔子学院下属教学点中文教师、具有"戈梅利李清照"之称的卡琳娜申请加盟南京理工大学白俄罗斯研究中心。

2022 年 9 月 29 日，为庆祝中华人民共和国成立 72 周年，戈梅利大学孔子学院组织了观看"共和国历史回顾"视频活动。视频回顾了中华人民共和国 72 年的历史、主要发展成就，展示了大江南北的风土人情、城市景观和自然风貌。

（五）布列斯特国立普希金大学孔子学院

白俄罗斯布列斯特国立普希金大学孔子学院成立于 2019 年 5 月 24 日，由布列斯特国立普希金大学和安徽大学共同建立。2019 年 12 月，布列斯特国立普希金大学孔子学院正式开始运营。截至 2022 年，该孔院已在布列斯特市第 28 中学、布列斯特市古典中学、平斯克市波列西耶国立大学设有 3 个教学点，注册学员 481 人。

（六）白俄罗斯国立体育大学孔子学院

白俄罗斯国立体育大学是白俄罗斯唯一的体育类大学，也是独联体国家中规模最大的体育专业院校。白俄罗斯国立体育大学孔子课堂于 2015 年经国家汉办批准成立，2020 年正式升格为孔子学院，是全球唯一一所体育类孔子学院。由白俄罗斯国立体育大学和岭南师范学院合作创办。白俄罗斯体育和旅游部第一副部长杜尔诺夫表示："白俄罗斯国立体育大学孔子学院的成立，标志着白中两国在体育、运动和旅游领域的友好关系的发展，也是对白俄罗斯在继承世界体育优良传统、发展奥林匹克运动方面所作贡献以及在体育教育领域所取得成就的认可。白俄罗斯体育和旅游部将继续支持和促进白俄罗斯国立体育大学孔子学院的发展。"[1]

四、白俄罗斯汉语教育特点

通过梳理白俄罗斯中小学、高等教育机构及孔子学院的汉语教学情况，大致可总结出白俄罗斯汉语教育的如下特点：

第一，白俄罗斯汉语教育相较其他国家起步较晚，2006年中文被纳入白俄教育体系，正式成为白俄罗斯第五种基础外语。2018年明斯克国立语言大学正式成立中文系，这是白俄罗斯高校首个中文系。尽管起步晚，但是随着中白关系的深入，未来汉语教育具有广阔的发展前景。

第二，汉语教育分布不均衡，以首都明斯克为主。从文中表1统计可看出，2012年明斯克开设汉语课的中小学共20所，明斯克以外城市开设汉语课的中小学共11所，首都和其他地区形成鲜明对比。此外，白俄罗斯目前共6所孔子学院，其中4所位于明斯克。

第三，语言教学与专业技能结合，教学各具特色。从目前白俄罗斯国内孔子学院的运行可窥视该特点。明斯克国立语言大学

---

〔1〕《全球唯一一所体育类孔子学院在白俄罗斯正式揭牌》，http://d. lingnan. edu. cn/gjc/info/1185/3605. htm。

孔子学院是培养高级翻译、外语教师的重要基地；白俄罗斯国立体育大学孔子学院以武术为特色；白俄罗斯国立技术大学孔子学院是一所科技型孔子学院，目前正在筹建"中国技术系"，以突出科技特色。

第四，小班授课，该特点主要体现在中小学教育机构中。2006 年至 2010 年，汉语课（必修课和选修课）从 1 年级起开设，每周 2 小时，每个班分 2 组（10—12 个学生一组）；从 2010 年起，汉语课（必修课和选修课）从 3 年级起开设，每周 3 小时，每个班分 3 组（7—9 个学生一组）。

第五，学习汉语人数逐年攀升。中国与白俄罗斯在推进"一带一路"建设过程中，合作程度不断加深，推动了白俄罗斯人学习汉语的热情。最近一份对明斯克州 345 名受访者的调查问卷结果显示，受访者都有英语学习经历，其他外语按选择率由高及低依次是汉语（53.04%），德语、波兰语（14.78%），韩语（11.3%），法语（10.43%），西班牙语（8.7%），日语（4.35%）。[1] 一半以上的受访者学过汉语，接受过汉语教育的比例仅次于英语。

中白关系的深入发展是白俄罗斯汉语教育发展的基石。白俄罗斯汉语教育在近十年里得到较快发展，在教学大纲、课程设置、师资培养、专业建设方面均取得一定的成绩，与中国合作成立的孔子

―――――――――

〔1〕 雏晨柏：《语言经济学视角下的白俄罗斯汉语传播策略研究》，浙江科技学院硕士论文，2021 年 12 月，第 18 页。

学院在人才培养、学术交流和人文合作等领域发挥了积极作用。但白俄罗斯汉语教育也依然面临诸多挑战，如汉语教师人数不足、教育分布不均衡等问题仍然突出，需要不断提高汉语教学水平，促进教育均衡发展，培养知华、友华、愿意为发展中白合作而奉献的汉学家和汉语工作者。

通过艺术视域审视"一带一路"的中白人文交流

玉林师范学院白俄罗斯研究中心主任　马丽

"一带一路"倡议的提出推动了中国与世界各国的跨文化交流和文化借鉴，也推动了具有不同信仰、价值观和思维方式国家的对话与交流。艺术作为文化交流十分重要的载体，在其中发挥着重要的作用。本文意在从艺术的视角探讨中白人文交流在共建"一带一路"中的现实意义，并结合两国间人文交流的困境与问题，对民心相通、文化交流的实现路径进行研究。

早在西汉时期，张骞的两次西域之行打开了东西方文明交流的大门，古代丝绸之路应运而生。白俄罗斯作为最早响应并积极参与中方"一带一路"倡议的国家之一，其战略地位和国际影响极为特殊。

一、"一带一路"倡议下研究中白跨文化交流的必要性

本研究选定白俄罗斯来探讨"一带一路"倡议下跨文化交流，

原因有四：一是两国在政治上高度互信，在国际事务中相互支持。二是白俄罗斯具有地缘优势。白俄罗斯地处欧亚经济联盟和欧盟两大一体化组织的交接地带，可在共建"一带一路"中发挥重要作用。三是俄语是斯拉夫民族的重要语言，在中亚和东欧被广泛使用。在使用俄语的国家中，白俄罗斯是最先响应中国"一带一路"倡议的国家。四是在外交方面中白跨文化交流具有极大潜力和价值。中国和白俄罗斯虽然不是邻国，但从两国交往史来看，两国的"情缘"很深。20世纪初孙中山决定"联俄"就与白俄罗斯革命家鲁赛尔有着一段不解之缘。正是在与鲁赛尔互通书信的过程中，孙中山开始对俄国有了深入的认识，也加强了中白人民在并肩反抗法西斯上的共鸣。[1]。

自1992年中白建交以来，两国关系不断提质升级。2022年9月，两国元首将中白关系再次提升为全天候全面战略伙伴关系。在"一带一路"倡议下，中白两国通过人文交流深化了两国和两国人民关系。30年间，虽然国际形势风云变幻，但两国关系稳固发展，人文交流成绩斐然。

综合上述四个原因，本文试图探讨中白跨文化艺术交流合作的成果和不足。

---

〔1〕 赵会荣:《白俄罗斯与"一带一路"》,载《欧亚经济》,2017年第4期,第44—55、166—128页。

二、中白文化艺术交流合作的成果与价值

如果我们按照历史脉络进行梳理，可以发现，中国与白俄罗斯建立的外交关系，历经了三个阶段：第一阶段为平稳发展期（1992—2005 年）；第二阶段为升温期（2005—2013 年）；第三阶段为飞速发展期（2013 年至今）。第三阶段呈现"以政府为主导、政策助力、全方位交流"的特征。2014 年，在《中白全面战略伙伴关系发展规划（2014—2018 年）》的框架下，中白两国在北京签署了关于成立中白政府间合作委员会的协议，建立了合作委员会，并在委员会下设立文化分委会，负责两国文化和艺术领域的交流，使两国间的文化交流与合作有了制度性保障。

（一）以文化中心为品牌，创办品牌交流活动

2016 年 12 月 21 日，中国文化中心在明斯克成立；2017 年 5 月 30 日，白俄罗斯文化中心在北京成立。2017 年 5 月 30—31 日，中国国家大剧院举办了大型芭蕾舞剧表演——永恒的《天鹅湖》，作品由白俄罗斯国家模范大剧院芭蕾舞团全明星阵容出演。同一时段，清华大学艺术博物馆举办了"非线性现实——白俄罗斯现代版画、水彩、素描作品展"开幕式。2017 年 10 月 24 日，为庆祝中国与白俄罗斯建交 25 周年，由中国美术馆与白俄罗斯国家美术馆共同主办的"白俄罗斯国家美术馆典藏精品展"在中国美术馆展出。

同年，中国文化中心举办了"春节快乐"活动，加深了白俄罗

斯民众对中国传统文化的了解。此外，该中心每逢端午节、中秋节等中国传统佳节到来之时，均会举办相应的艺术展览和文化体验活动，为白俄罗斯人民创造体验"中国风"的机会。各种互动活动、大师班和摄影展，让白俄罗斯人民亲身体验了中国人民的传统习俗。2017 年 6 月 19 日，在该中心举办了"中国非物质文化遗产周"，中国非物质文化遗产的传承人向白俄罗斯人民传授蜀绣、糖画、竹编、陶艺等中国民间艺术，同时还让观众们领略中国传统戏曲——川剧的魅力，欣赏中国民族乐器的神韵。正如白俄罗斯时任文化部部长鲍里斯·斯维特洛夫在中国文化中心揭牌仪式时所说："中国文化中心的落成，是白中文化交流中的标志性事件，它有助于加深两国人民之间的相互了解，扩大人文领域的友好关系和交流"[1]。两个文化中心的建成，是双方人文交流的重要成果之一，已成为两国文化合作的重要品牌。

（二）2018 年中国"白俄罗斯旅游年"框架下的中白文化艺术交流

2018 年 1 月 15 日，中国国家旅游局副局长杜江与白俄罗斯体育和旅游部副部长波特诺在北京签署了 2018 年中国"白俄罗斯旅游年"合作备忘录。同年 8 月 10 日，中白互免签证协定生效，首批中国公民免签入境白俄罗斯，这是两国务实合作的重要成果。在

---

〔1〕 贝西：《文化因交流而丰富，因交流而精彩——白俄罗斯前文化部部长鲍里斯·斯维特洛夫专访》，载《中外文化交流》，2018 年第 8 期，第 46—48 页。

此背景下，中白文化艺术交流的密度随之增大，且逐层递进，主要有造型艺术、舞台艺术和综合艺术三种形式。

在造型艺术方面，中白双方举办了三场大型交流活动。一是 2017 年 12 月 12 日—23 日在成都市举办"丝路艺语——中国、白俄罗斯艺术家交流作品展"；二是 2018 年 11 月 1 日在中国美术馆举办"文化风景——白俄罗斯当代艺术展"；三是 2019 年 9 月 25 日在白俄罗斯国家图书馆举办"廊上之约：聚会传统——中白民间艺术精品展"，此次活动首次将中国的民间艺术品亮相于明斯克。

在舞台艺术方面，作为 2019 年"中国旅游文化周"活动的压轴大戏，北方昆曲剧院应明斯克中国文化中心邀请，于 2019 年 6 月 11 日至 15 日在白俄罗斯举办昆曲《牡丹亭》巡演活动。2019 年 7 月 13 日，中国杂技演员表演的《丝路彩虹》在"斯拉夫巴扎"国际艺术节亮相。这些活动通过艺术促进了心与心的交流。

在综合艺术方面，中白以电影周和电影节为主要载体展开交流与合作。2017 年 5 月，中国国家新闻出版广电总局与白俄罗斯文化部达成电影摄影领域合作协议，推动影视文化的交流与合作，其中最具影响力的是举办电影周、电影节和电影展览活动。如每年 10 月 15 日左右在白俄罗斯举办的中国电影节、"中国电影 110 年"展览、"中国电影国际巡展——中国电影走进白俄罗斯"等活动。

2018 年中国"白俄罗斯旅游年"框架下的中白文化艺术交流成果显著，以造型艺术、舞台艺术和综合艺术三种艺术形式，拉近了两国文化的距离，为 2019 年"白俄罗斯教育年"做了充分的铺垫。

（三）2019 年"白俄罗斯教育年"框架下教育领域的文化艺术交流

2018 年 11 月，中白两国政府在北京签署了关于"白俄罗斯教育年"的合作计划，将 2019 年定为"白俄罗斯教育年"。同年，两国教育部签署了关于开展中白青少年交流的备忘录，双方教育机构签署了七项合作意向书，两国高校和教育机构签署协议 350 多份。此后，中白交换生逐年递增，虽在 2020—2021 年受新冠肺炎疫情影响有所回落，但从 2022 年数据看，留白中国学生的人数出现回升的势头。

在 2019 年"白俄罗斯教育年"框架下，两国高校间在文化艺术领域的合作项目丰富，下面以玉林师范学院白俄罗斯研究中心为例进行讨论。

玉林师范学院白俄罗斯研究中心于 2017 年 6 月入选为教育部备案国别和区域研究中心。为贯彻落实国家"一带一路"倡议，发挥学校学科建设和区域特色，发展与"一带一路"沿线国家的交流与合作，2015—2018 年，学校领导多次访问白俄罗斯，并签署了相关合作协议。

1. 引进白俄罗斯艺术学科专家

2017 年 9 月，玉林师范学院以中国-东盟职业教育论坛为契机，首次邀请白籍专家来华访问，并以座谈会的形式跟师生们交流。两位专家的到访，开启了玉林师范学院与白方高等教育机构、文博机构间的交流与合作。

随后，玉林师范学院加强与白方互动，开展了一系列的交流活动。引进数名白俄罗斯教师，讲授艺术学科专业课程，在开拓学生国际视野的同时，融入了陶艺、民乐等本土化的元素。

2. 将白俄罗斯文化融入艺术课程

开展中白手工艺品对话。玉林北流市有大型陶瓷加工厂，陶艺产业较为发达。白方教师来到玉林后，多次赴该厂调研，并决定除了油画、水粉画的常规性授课外，开设白俄罗斯传统陶器制作课。

开展桂东南民间音乐与白俄罗斯民族音乐对话。玉林师范学院地处广西东南地区，此地居民多为第三次客家大族群南迁时由河北、河南迁来。此地还形成了中国第一大侨乡容县，民间音乐元素丰富，发展全面。玉林师范学院以当地民歌素材、民间小调、地方戏曲为元素，创编了多部室内民族乐作品，并组建了教师乐队。白方教师来校任教后，玉林师范学院尝试将白俄罗斯元素融入其中，加入了手风琴的音调，使本土化的音乐艺术兼具异国风味，这也是一种"海上丝路文化"与"陆上丝路文化"的融合。

3. 开展一系列人文交流活动

艺术交流。在新冠肺炎疫情前，玉林师范学院开展和参与了众多艺术交流活动。比如 2018 年组织实施的"玉林师范学院赴白俄罗斯艺术采风项目"、2019 年在白俄罗斯驻华使馆举办的"俄罗斯艺术家眼中的中国，中国艺术家眼中的白俄罗斯"画展和同年在广西举办的"'一带一路'中白人文交流论坛暨中白绘画巡回展(广西)启动仪式"。

学术交流。疫情期间,白方教师以线上会议的方式,在学校"博雅大讲堂"上为学生们定期举办了与白俄罗斯文化有关的讲座。

海外推广。随着玉林师范学院白俄罗斯研究中心的成立,白方教师作为文化交流使者,用不同的方式传播中国文化,帮助白俄罗斯民众感知、认识、喜欢上中国文化。

三、对中白文化艺术交流合作的思考

(一) 受制于文化差异与外部干扰因素

中国和白俄罗斯不仅语言文字不同,而且文化环境、风俗习惯等存在着较大差异,两国间缺乏共同的文化根基。随着中国经济实力的增强和国际影响力的提升,西方部分反华势力对中国虎视眈眈,不断散布所谓"中国威胁论",导致"一带一路"沿线国家和地区对与中国合作存在担忧和疑虑。所以,在文化艺术交流的过程中,中国需要保持求同存异、兼收并蓄的包容心态,不断增强文化软实力。

(二) 受制于区域与地理因素

中国与白俄罗斯对接的省市有八个,分别是北京、黑龙江、浙江、广东、江苏、湖北、四川、甘肃。不过,由于区域和地理受

限，部分省份未列其中，如广西。实际上，未被列入对接省市的区域与白俄罗斯也存在对接机遇，比如广西的壮锦文化、玉林的芒编手工艺术、北流三环陶瓷小镇、广西的山歌文化等众多的文化艺术产业，均能在中白人文合作中成为交流互鉴的闪光点。

（三）缺乏资金和项目支撑

中白人文艺术的合作目前仍主要依赖两国间的政府推动，而民间和相关机构由于资金不足、渠道不畅等原因参与率较低。在两国政府间的合作项目框架下，可考虑构建多项小型项目，并以招标的方式，吸引更多参与方和投资方。让更多对中白人文交流感兴趣的主体参与进来，发挥其独特作用。

（四）以科学的文化艺术交流观促进中白合作

目前中白两国选择传播的艺术作品内容和深度不够，传播方式也较单一，未能全面展现两国丰富的文化内涵。例如，当前流入白俄罗斯的中国艺术作品较为古板，缺乏创新性，不能代表中国当代艺术的实际水平，起到的文化交流效果也相对有限。

中白两国历经 30 年的外交往来，建立了经济互利、政治互信、文化相融、民心相通的良好关系，并迈上全天候全面战略伙伴关系的新阶段。两国不断务实的文化艺术交流与合作，增进了"一带一路"沿线国家的民间往来和人文交流。经典艺术作品的传播，可以有效地传播中华文明、提升文化软实力、促进两国民心相通。

 **后　记**

　　2022 年是中华人民共和国与白俄罗斯共和国建交 30 周年。建交以来，两国关系稳定发展，政治互信不断加深，各领域合作成果丰硕。特别是在中共二十大召开前夕，中国和白俄罗斯两国领导人宣布将中白关系提升为全天候全面战略伙伴关系，两国合作关系达到历史最高水平。

　　在此背景下，浙江树人学院白俄罗斯研究中心于 2022 年 10 月 13 日成功举办 2022 年白俄罗斯国内形势和对外政策研讨会。参加会议并作研讨发言的，既有国内白俄罗斯研究领域的专家学者，也有曾在白俄罗斯中白工业园长期工作的企业代表，他们的发言拓展了研究领域，丰富了研讨内容，提升了会议质量。

　　据此，我们编撰了这本《2022 年白俄罗斯国内形势和对外政策研讨会论文集》，以作为对本次会议的一次学术总结；同时，也为进一步推动白俄罗斯问题研究贡献我们的一份绵薄之力。

　　论文集共收录文章 18 篇。内容包括白俄罗斯国内政治领域、经济领域、教育领域的研究，以及白俄罗斯对外政策、中白关系等五大部分。该文集深入分析了 2022 年白俄罗斯国内形势和对外关系状况，着重探讨了白俄罗斯经济、文化、教育、语言合作与教学研究等情况。

针对相关专题，学者们纷纷发表自己的观点。如有学者认为，依靠白俄罗斯地理位置的优势，可以充分发挥其在欧亚地区交通枢纽的作用，中白间良好的政治互信和战略需求为推进金融合作和本币结算提供了重要条件。有学者从中国企业的角度分析了地缘政治背景下中白合作面临的挑战与机遇，认为中白两国的经济既有合作空间，又符合两国合作的战略需求。有学者认为，当前白俄罗斯的国内政局较为稳定，但受国际形势——俄乌冲突和美西方制裁的影响，白俄罗斯经济还是受到较大冲击，因此俄白联盟将会进一步加强，白俄罗斯也将有可能向中国寻求更大的支持和帮助。

从举办会议到编撰会议论文集，一路走来，我们既得到了白俄罗斯驻中国大使馆参赞罗曼·索科尔、白俄罗斯驻上海总领事安德烈·安德烈耶夫等白方友人的支持，更得到了中国社会科学院俄罗斯东欧中亚研究所所长、研究员孙壮志，中白工业园首任首席执行官、深圳综合开发研究院理事胡政，中国社会科学院俄罗斯东欧中亚研究所乌克兰、白俄罗斯、摩尔多瓦研究室主任、研究员赵会荣，上海社会科学院俄罗斯中亚研究中心主任、研究员潘大渭，华东师范大学白俄罗斯研究中心主任、副教授贝文力，四川外国语大学白俄罗斯研究中心主任杨俊，北京外国语大学白俄罗斯研究中心主任赵鑫，北京第二外国语学院白俄罗斯研究中心教授许传华，中国国际问题研究院欧亚所副所长、副研究员韩璐，中国现代国际关系研究院欧亚研究所副研究员叶天乐，上海社会科学院国际问题研究所助理研究员张严峻，甘肃省白俄罗斯研究院副院长、兰州财经大学副教授杨迎军，天津外国语大学欧洲语言文化学院副院长付美艳，大连理工大学独联体国家研究中心常务副主任郭淑红，南京理工大学白俄罗斯研究中心副教授刘丽秋，玉林师范学院白俄罗斯研究中心主任马丽等国内白俄罗斯研究专家的支持。在此，我们表示诚挚的谢意！

　　同时，我们还要感谢浙江树人学院李鲁校长、章清书记对本次会议召开及论文集出版给予的关心与指导！

　　最后，也要感谢浙江树人学院白俄罗斯研究中心主任王宪举带领中心研究团队寿家睿博士、杨丽萍博士为本次会议召开以及论文集编撰所付出的辛勤劳动！

　　"日出江花红胜火，春来江水绿如蓝。"当前，中白关系处于历史最好时期，双边关系发展不断迈向更高层次。在这样的新形势下，我们要以白俄罗斯研究中心为平台，不断丰富交流载体、提升合作成效、深耕研究领域、创新研究成果，为推进国别与区域研究作出应有的贡献。

浙江树人学院人文与外国语学院院长、
白俄罗斯研究中心常务副主任　李剑亮
2023 年 1 月 19 日